Todos os dias eu tenho o privilégio de acordar ao lado de um milagre. Minha esposa, Heather, é a mulher mais memorável que eu já conheci. No momento em que as pessoas a conhecem, se apaixonam por ela. Elas sempre dizem a mesma coisa: "Heather é tão bonita por dentro quanto é por fora." Ela não é apenas deslumbrante, mas também verdadeiramente temente a Deus. Quando você ler a história dela, dificilmente acreditará que é verdade. O que ela enfrentou foi horrível, e o fato de ela ter passado por tudo isso sem cicatrizes é um milagre. Minha esposa é um milagre vivo, lindo e cheio de vida. Minha parte favorita nesta jornada tem sido ouvir Heather falar sobre o seu passado como se nunca tivesse acontecido. Por toda a nação, eu tenho falado para as pessoas: "Você sabe que Deus te libertou quando você compartilha seu testemunho e sente como se estivesse falando de outra pessoa." Eu pude vivenciar em primeira mão a transformação dela. Pude discipular minha esposa nos dois primeiros anos que nos conhecemos. A verdade é que, desde então, é ela quem tem me discipulado. Eu não salvei Heather; ela me salvou. Deixe a história dela te salvar.

—LANDON SCHOTT
Pastor Sênior, Igreja Mercy Culture
Fort Worth, Texas

Este livro, escrito de forma poderosa, impactará profundamente a sua vida. Certamente impactou a minha! Obrigado, Heather, por compartilhar sua incrível história sobre o poder de Deus para redimir e transformar vidas. De fato, sua vida é um retrato da graça maravilhosa e do amor redentor dEle!

O inimigo sabia, desde o momento em que ela nasceu, que ela seria uma mulher destinada a impactar multidões, então ele tentou prendê-la e destruir esse destino. E parecia que ele tinha vencido—mas Deus! Sim, a busca apaixonada de Deus capturou o coração dela e derrubou as fortalezas em sua vida. E agora ela responde ao chamado para levar esperança, cura e justiça a uma geração presa nas mesmas cadeias que ela conhecia tão bem.

O testemunho poderoso de Heather é a profecia de que o seu passado não é o fim da sua história e que nunca é tarde demais quando Deus entra na sua vida. Deixe Heather te contar, com suas próprias palavras, como Deus é especialista em transformar vidas que outros já haviam desistido— que nossos fracassos não são o nosso fim e que nossas cicatrizes não nos controlam. Deixe que a história dela te traga uma nova esperança!

—PASTOR ZANE ANDERSON

Líder de Empoderamento Espiritual

Tucson, Arizona

As palavras escritas nas páginas deste livro poderoso não se limitarão apenas ao seu entendimento, mas tocarão o seu coração e o seu propósito de vida. A transparência despretensiosa de Heather confronta toda dor e vergonha do passado com a verdade e o poder do coração e da Palavra de Deus.

Sua maneira simples de se expressar vai sacudir as estruturas religiosas. Ela simplesmente abraça o que Deus diz na Sua Palavra e crê que Ele vai cumprir! Enquanto Heather compartilha suas experiências de vício e escravidão, você encontrará o Autor da transformação da vida dela de novo, de novo e de novo. Sua busca por justiça e mudança vem de um encontro pessoal com Deus e da integridade da Palavra dEle, demonstrada na vida dela. Ela é um exemplo de liberdade! Sua voz e sua mensagem são essenciais para esta geração e também para as gerações futuras.

Heather é uma daquelas que arde, como descrito em Lucas 24:32. Recomendo fortemente que você leia a história dela. Acredito que o seu coração também vai se incendiar!

—PASTORA JAN ANDERSON

Líder de Empoderamento Espiritual

Tucson, Arizona

Neste livro profundamente pessoal e escrito com grande intensidade, Heather Schott conduz você por um relato emocionante de sua história de vida, desde os momentos mais sombrios de desespero e destruição até encontrar a salvação e a restauração em Jesus. A vida de Heather é um testemunho de como Deus pode pegar alguém completamente quebrado e transformá-lo de tal forma que se torne um vaso de restauração para outros. Hoje, o Senhor tem usado Heather de maneira poderosa, e este livro te leva aos bastidores para aprender como Deus pega uma pecadora perdida e faz dela uma verdadeira mulher de Deus.

—MICHAEL BROWN, PHD
APRESENTADOR DO PROGRAMA DE RÁDIO THE LINE OF FIRE
AUTOR DO LIVRO, REVIVAL OR WE DIE
CONCORD, NORTH CAROLINA

A história de vida de Heather Schott é sobre redenção, esperança e restauração. Deus deu a ela uma voz para anunciar a mensagem de esperança, de redenção e de liberdade que só existe em Cristo. Ela é uma pastora e palestrante talentosa, com um coração voltado para ajudar pessoas. Seu livro, *Sem Cicatrizes*, vai encorajar e abençoar cada leitor, ao revelar o poder redentor do amor de Deus. Eu recomendo muito a Pastora Heather e sua história como leitura obrigatória em sua jornada de discipulado.

—TOM LANE
FUNDADORA, EXECUTIVE LEADERSHIP INSTITUTE
SOUTHLAKE, TEXAS

Heather Schott conduz você por uma jornada angustiante, de partir o coração, marcada por comportamento autodestrutivo até a restauração e renovação da esperança. Sua vida é um testemunho poderoso do poder redentor da graça de Deus. Este livro vai fazer você sentir a dor dela, compreender suas desilusões e se alegrar com a sua vitória final. Ao ver como ela foi salva de uma vida de sofrimento e destruição, e em quem ela se tornou— uma mulher incrível de Deus— não resta dúvida de que o Senhor esteve presente em cada momento das suas dificuldades. *Sem Cicatrizes* é uma leitura maravilhosa e prova, sem sombra de dúvida, que nenhuma vida está fora do alcance do poder salvador de Jesus Cristo. Tenho muito orgulho da Heather e da vida que ela construiu. Recomendo este livro tanto para quem se sente perdido e sem esperança, quanto para quem carrega força e autoconfiança. Essa leitura é um testemunho do poder do nosso Senhor e dos milagres incríveis que Ele realiza todos os dias.

—**PASTOR MATTHEW BARNETT**
Cofundador do Dream Center
Los Angeles

Sem Cicatrizes é um livro envolvente que vai te ajudar a entender o poder de Cristo para redimir qualquer circunstância, por mais sombria que seja. Heather compartilha lições e sabedoria adquiridas ao longo de décadas seguindo Jesus, e isso inspira esperança para todas as gerações. *Sem Cicatrizes* é um chamado profético à ação, lembrando que nenhuma pessoa e nenhuma situação estão fora do alcance de Deus. Heather transforma tragédias de vida em testemunho de alguém que venceu. Este é um livro necessário para o tempo em que vivemos.

—**RUSSELL JOHNSON**
Pastor, Pursuit NW
Seattle

A vulnerabilidade e a transparência da Pastora Heather são verdadeiros presentes para quem lê. Em um mundo onde aparência, imagem e perfeição são exaltadas— e muitas vezes idolatradas— a sinceridade do testemunho de Heather revela a bondade, a misericórdia e o poder do nosso Senhor. Sua capacidade de enxergar além das circunstâncias e sua fé em agarrar a promessa de 2 Coríntios 5:17 são inspiradoras e nos despertam. A jornada dela de liberdade e descoberta da própria identidade não apenas me motivou, mas também me desafiou a enxergar o potencial nas pessoas ao meu redor. A maior lição deste livro é o poder que recebemos ao assumir o nosso testemunho. Quando glorificamos a ação de Deus na nossa vida, desarmamos o inimigo de nos acusar com culpa ou vergonha. E derrubamos fortalezas quando permitimos que Deus seja glorificado através da nossa história de redenção.

—**ESTHER PENATE**
Presbítera, Igreja Mercy Culture
Fort Worth, Texas

Ao longo de mais de quinze anos de amizade, pude ver que Heather Schott é uma voz única e necessária para esta geração e para as próximas gerações. O testemunho dela não é apenas um convite à liberdade e à libertação, mas também um chamado à retidão. Não são as palavras impressas nestas páginas que serão ferramenta nas mãos do Senhor, mas sim o nome do Senhor sendo glorificado através das palavras do testemunho dela. As palavras de Heather e sua vida são testemunhas da bondade de Deus nesta terra.

—JASMINE WEILER
Fundadora, AXL Creative Co.
Fort Worth, Texas

Ao ler este livro poderoso, *Sem Cicatrizes*, da minha amiga Heather Schott, fui profundamente tocado. Percebi imediatamente que este é um livro essencial para esta geração. Tenho visto pessoalmente a devastação e o desespero que essa geração enfrenta por causa da cultura, das famílias e de suas decisões. Este livro é transformador do começo ao fim. Cada página grita: "Aguente firme! Existe um caminho melhor!" O principal objetivo do inimigo é marcar essa geração com um túmulo de desespero, mas Jesus veio para nos dar uma vida abundante e cheia de poder. Heather nos leva por uma jornada de dor, perda, amargura e medo— e então direto para os braços de um Salvador que oferece redenção, perdão e graça. Você vai aprender que apesar de onde você veio ou o que já passou, é possível alcançar a graça de um Salvador amoroso! Pegue este livro! Compartilhe! E, ao fazer isso, você vai ter a recompensa de ver vidas caminharem em liberdade. Só posso dizer: "Bravo!"

—PAT SCHATZLINE
Evangelista Internacional, Autor do Livro I Am Remnant
Cofundador do Remnant Ministries Internacional
Keller, Texas

Sem Cicatrizes é uma leitura incrível sobre a graça de Deus, sobre como se pode escorregar na vida e, mesmo assim, encontrar o caminho de redenção. Heather revela a esperança das Boas-Novas— aquela que nos garante liberdade eterna. Os capítulos iniciais podem fazer você estremecer ao perceber o que pode estar acontecendo na vida dos seus próprios filhos. Mas, conforme a história se desenrola, você vai se emocionar ao testemunhar a misericórdia de Deus e como Ele transforma a dor em um testemunho de vida.

—**BILL WAYBOURN**
Xerife do Condado de Tarrant, Texas

Sem Cicatrizes é leitura obrigatória para quem está em busca da verdade e propósito para a vida. Não importa onde você esteja ou o que esteja enfrentando, o testemunho verdadeiro e corajoso de Heather rompe as mentiras da vergonha e encara de frente a dor insuportável dos momentos mais escuros da vida. Você vai encontrar inspiração na história de Heather e na forma como ela revela a verdade inabalável do amor redentor e poderoso de Deus. A misericórdia do Senhor está presente em cada página dessa história, enquanto vemos Heather se tornar tudo aquilo que Deus sonhou para ela: uma voz em favor da justiça e da liberdade! *Sem Cicatrizes* vai te desafiar a se render completamente a Jesus e permitir que Ele transforme o que o inimigo tentou usar para o mal, em manifestação gloriosa da Sua presença!

—**MISSY DUNN**
Pastora Colíder, Igreja Kingdom Culture
Winter Garden, Flórida

Em um tempo em que as jovens da nossa nação são bombardeadas por mensagens confusas sobre o que significa ser mulher, Deus está levantando uma voz poderosa e pura através da vida de Heather Schott. A história de vida dela é um dos mais belos exemplos de redenção e restauração que conheço!

Sem Cicatrizes é um marco que aponta esta geração para o poder da redenção que há na cruz. Todo aquele que ler este livro encontrará, em suas páginas, coragem para se voltar para a cruz, deixar o passado para trás e caminhar rumo ao seu destino!

—**LAURA ALLRED**
Diretora Executiva, A Million Women
Fort Worth, Texas

Este livro, escrito de forma tão linda, vai te fazer rir, chorar, voltar a ter esperança e confiar novamente. À medida que você lê, a sua fé será fortalecida. É um lembrete do amor incondicional de Deus e da forma apaixonada com que Ele nos busca! Este livro será uma verdadeira salvação para muitas pessoas. Parabéns, Heather Schott!

—RACHEL CAMPBELL

Pastora Líder, Igreja Flourishing

Hermosa Beach, Califórnia

SEM CICATRIZES

UMA HISTÓRIA DE LIBERDADE

HEATHER
SCHOTT

Livro de capa dura em Português: 979-8-9881690-7-9
Livro de brochura em Português: 979-8-9881690-6-2

Imagem da Capa por Bosa Odiase e Justine Bridges
Diagramação do livro por Tessa Schoumaker, 3Pier Creative Agency
Tradução para o português Judith C. Turner
Editor de texto Kelly Sakzenian Cagle, PhD
Impresso nos Estados Unidos.

SUMÁRIO

É HORA
DE DEIXAR
A LIBERDADE
RESSOAR!

AGRADECIMENTOS

Obrigada ao meu marido, que sempre me desafiou a sair da minha zona de conforto e ouviu a voz de Deus sobre a minha vida, mesmo quando eu mesma não conseguia ouvir. Você sempre acreditou em mim e enxergou o melhor em mim, mesmo nos meus piores momentos. Eu não seria quem sou hoje sem você, meu amor. Eu te amo e te honro.

Obrigada aos meus três pais— Guy Wilson, Rob e Kelly Hallum— por me apoiarem e me incentivarem a ser a melhor versão de mim mesma durante toda a minha vida, e por permitirem que eu compartilhasse parte da história de vocês enquanto conto a minha. Eu não poderia desejar melhores pais. Vocês sempre acreditaram em mim, me amaram e oraram por mim. Eu amo muito todos vocês!

Obrigada à nossa equipe de oração (vocês sabem quem são) e à Vanessa Hector, por orarem com fervor para que este livro se tornasse realidade. Nada disso teria acontecido sem vocês!

Obrigada a cada pessoa que fez parte do primeiro e do segundo lançamento de *Sem Cicatrizes*. Eu fui cercada por tantas pessoas lindas e incríveis que me ajudaram a trazer este livro à existência!

E, acima de tudo, obrigada a Deus, que me salvou. Você tem o meu coração, a minha voz e a minha vida.

PREFÁCIO

Eu amo a Heather. Ela é forte, linda e corajosa, mas essas não são as razões pelas quais eu a amo. Heather é uma guerreira, uma mulher intensa e amorosa, comprometida em viver justiça, misericórdia, liberdade e verdade. Se você a conhecesse, ouvisse suas ministrações ou a visse em ação no "The Justice Reform", jamais imaginaria que essa filha, que hoje vive para levantar outros, veio de um passado tão sombrio.

São poucos os que escaparam das armadilhas que Heather enfrentou e menos ainda aqueles que têm a coragem de encarar as trevas para libertar outros.

Sem Cicatrizes é um relato cru, real e verdadeiro de como Heather, enfim, encontrou liberdade e conseguiu romper o ciclo de relacionamentos abusivos e vícios. Sua história é sobre resgate e redenção, provando que, não importa quão desesperadora seja a sua situação ou quão longe você tenha caído, ainda há esperança.

— LISA BEVERE

AUTORA BEST-SELLER DO *NEW YORK TIMES*, MINISTRA E
COFUNDADORA DO MESSENGER INTERNATIONAL E MESSENGERX

Querido leitor,

Estou muito animada para que você embarque nessa jornada de leitura desta nova edição de Sem Cicatrizes. Desta vez, incluí perguntas provocativas para você responder sobre a sua própria história de vida enquanto lê a minha. Quero te encorajar a ler as perguntas ao final de cada capítulo e respondê-las da melhor maneira possível. Eu acredito que você vai experimentar cura e liberdade ao revisitar sua história e sua alma em busca daquilo que foi escondido debaixo do tapete e que precisa ser trazido à luz. Não tenha medo de ir até esses lugares, porque ao colocar no papel aqueles momentos, sentimentos, ideias e memórias— sejam eles bons ou ruins— eles não terão mais poder para governar sua mente e sua vida.

Exposição nunca é confortável, mas quando a luz é lançada sobre o que estava escondido, a escuridão que vinha te atormentando precisa ir embora. Ela não poderá mais te prender. Eu quero te desafiar a ler a minha história, mas também refletir sobre a sua, com grande expectativa de que milagres vão acontecer na sua vida!

À medida que você virar as páginas da minha história, meu desejo é que as páginas da sua própria história se transformem em uma história de liberdade. Que o seu futuro seja tudo aquilo— e muito mais— do que você sonhou. Que ele vá além do que você consegue imaginar, cheio de beleza e novos capítulos. Minha esperança é que você seja liberto do seu passado, sem cicatrizes e sem vergonha de contar a sua história! Então, vá em frente e pegue sua caneta e seu caderno agora mesmo e prepare-se para escrever a sua história de liberdade.

Com amor,

PRÓLOGO

Minha vida havia saído completamente do controle, e eu estava sendo forçada a enfrentar meus próprios demônios interiores— mas por quem? Eu não tinha certeza. Eu não tinha autocontrole e nem vontade de fazer isso sozinha. Eu sentia que algo estava para acontecer, mas não sabia o quê. Estava nervosa e cheia de ansiedade— uma ansiedade extrema! Eu sentia como se tudo e todos estivessem tão distantes de mim. Afastei-me dos meus amigos e fazia muito tempo que não compartilhava nada pessoal com minha família. Eu me sentia completamente isolada, mas, de alguma forma, percebia que minha vida estava mudando drasticamente— e que estava prestes a mudar ainda mais.

Em um fim de semana, eu planejei visitar meu namorado, Jack, na faculdade onde ele estudava, e levei algumas amigas comigo. Nós cacheamos o cabelo, passamos quilos de maquiagem, nos arrumamos e pegamos a estrada rumo ao norte para uma viagem de duas horas. Quando chegamos, Jack e um amigo dele, Rick, nos receberam. O fim de semana parecia estar começando bem, até que eles pegaram um cachimbo e um pouco de maconha. Todos nos sentamos em círculo no quarto de Jack, e ele acendeu o cachimbo, passando para uma das minhas amigas, que deu uma tragada. Em seguida, Rick fez o mesmo. Então, ele colocou o cachimbo nos lábios, inalou e passou para mim. E foi aí que tudo aconteceu— de alguma forma, minha vida foi tomada de mim!

O quarto inteiro ficou em pausa. Quando eu digo pausa, quero dizer literalmente *parado*! De repente, ninguém mais falava ou se mexia. Era como se alguém tivesse apertado o botão de pausa em um filme que eu estava assistindo. Todos pareciam congelados no meio da conversa, com expressões estranhas no rosto. Mas aquilo não era um filme; era a vida real— a minha vida!

Como você pode imaginar, eu fiquei em choque. E então ouvi uma voz me dizer: "Era isso que você sonhava quando era uma garotinha? Você sonhava crescer para viver esse tipo de vida? É esse que você quer que seja o seu propósito nesse mundo? Você realmente *gosta* desse estilo de vida? É isso tudo que você imaginou para sua vida?" Eu ouvi todas essas perguntas, não sei se de forma audível ou só na minha mente. Mas ouvi, alto e claro. E todos os pelos da minha nuca e dos meus braços se arrepiaram, e fiquei toda arrepiada, dos braços às pernas! Uma coisa era certa: essas eram ótimas perguntas e eu não pensava nelas há muito tempo. Afinal, eu ainda era jovem— tinha dezessete anos! Entretanto, eu me sentia com trinta anos de idade, como se já tivesse vivido uma vida inteira para alguém tão nova (o que, comecei a perceber, que talvez não fosse algo tão bom assim). Na verdade, eu me sentia exausta, esgotada e, de uma forma estranha, como se estivesse despertando. E então, debaixo de todas aquelas perguntas, bem lá no fundo, eu percebi uma voz suave e pequena se levantar, dizendo repetidamente: "Não, não, não, não, não."

De repente, todos voltaram ao normal, como se nada tivesse acontecido, retomando exatamente de onde tinham parado— até que eu os interrompi, gritando: "Não!"

"Como assim, não?" eles perguntaram, antes de começarem a zombar de mim e sugerirem que eu já devia estar chapada. Enquanto eles riam e empurravam o cachimbo no meu rosto, eu senti uma raiva que nunca havia sentido antes crescendo dentro de mim. Fiquei furiosa por eles não me ouvirem e por debocharem de mim por querer fazer a coisa certa ao recusar a maconha deles. Eles deveriam ser meus amigos e me apoiar! Largar as drogas, na verdade, era a decisão certa a se fazer, então por que eles não me apoiavam? Eu não estava criticando a escolha deles, só queria que respeitassem a minha. Embora estivesse sentada ali com eles, de repente, me senti completamente distante. Uma indignação e uma força começaram a nascer dentro de mim.

Na verdade, eu me sentia exausta, esgotada e, de uma forma estranha, como se estivesse despertando.

"Chega! Eu cansei disso! Nunca mais!", eu disse, em resposta às provocações deles, antes de me levantar e sair daquele círculo.

"Você sabe que na semana que vem vai estar aqui com a gente de novo, fazendo a mesma coisa, então é melhor já voltar para cá", um deles disse. "Você acha mesmo que vai largar isso depois de anos? Ah, para com isso, volta aqui e fuma com a gente."

"Eu já disse: acabou! E eu não vou estar aqui no fim de semana que vem fazendo isso com vocês! E vou provar isso a vocês!"

Meu lado competitivo tinha se ativado, só que, desta vez, para um bom propósito. E eu mal podia esperar para provar que todos estavam errados. Minha competitividade passou a ser o que me mantinha firme. Tudo o que eu disse que faria, agora eu estava determinada a cumprir. Eu não tinha um sistema de apoio, mas também não saberia o que dizer. Com certeza, não contaria para os meus pais. Minha vida estava um caos há anos! E, para ser sincera, eu não tinha planejado fazer nada disso nessa viagem. De onde tinha vindo aquela força repentina e esse desejo de fazer a coisa certa? Seria só orgulho? Eu não sabia dizer (embora, se dependesse do meu orgulho para me tirar daquilo, eu aceitaria!). Mas eu sabia que tinha algo além, eu só não conseguia entender o que. Eu não tinha explicação; eu só sabia que estava *decidida.*

Voltando para casa depois daquele fim de semana, eu estava cheia de novas perguntas: o que foi que acabou de acontecer? De quem era aquela voz? O que está acontecendo na minha vida? Quem sou eu?

PERGUNTAS PARA VOCÊ

1. Quais são os seus sonhos?

2. Se você não tem nenhum, tire um momento para sonhar e anote o que você gostaria de fazer, ver ou ser!

3. Existem relacionamentos, mentalidades ou palavras dolorosas que você sente que têm se voltado contra você e contra seus sonhos? Se sim, quais são?

4. Você está vivendo uma vida onde realiza os seus sonhos? Se sim, de que forma? Se não, por quê? O que está te impedindo?

5. De que maneira você acredita que pode seguir em frente e caminhar em direção à realização dos seus sonhos?

É HORA DE ESCREVER A SUA HISTÓRIA...

_____

_____

_____

_____

_____

_____

_____

_____

_____

_____

_____

_____

_____

_____

1

MAMÀE & PAPAI

Eu preciso explicar uma pequena parte da história dos meus pais para contar a minha. A história traz revelação e entendimento para o presente e para o futuro. Vou começar pela minha mãe.

Minha mãe foi criada por pais que se apaixonaram muito jovens— com apenas catorze anos de idade! Minha avó engravidou da minha mãe aos dezessete anos e se casou no mesmo ano. Dois anos depois, minha avó engravidou novamente do único irmão da minha mãe. Meus avós foram obrigados a amadurecer muito rápido, assumindo responsabilidades de filhos, contas, casamento e tudo mais que a vida adulta exige.

Minha mãe e o irmão dela foram criados no que eles acreditavam ser um lar cristão. A igreja da qual faziam parte era muito religiosa (e de um jeito doentio)— era mais sobre regras do que sobre relacionamento, mais sobre controle do que sobre amor. Eles ensinavam doutrinas falsas, e não a verdadeira Palavra de Deus. Por exemplo, diziam que as mulheres não podiam cortar o cabelo nem usar maquiagem, o que é estranho. Usavam a profecia para controlar as pessoas e encobrir as decisões erradas dos líderes, o que é, na verdade, um tipo de falsa profecia. Apesar de, meus avós mais tarde tenham percebido que a igreja onde estavam era, na verdade, muito mais uma seita, até esse momento isso já tinha causado um grande impacto na forma como eles viviam e criavam os filhos, o que tornou a vida em casa muito difícil para a minha mãe e o irmão dela.

Ser criada por pais extremamente jovens e fortemente influenciados por uma igreja com características de seita, criou para a minha mãe um ambiente familiar perfeito para a rebeldia. Minha mãe foi ensinada que seu único propósito na vida era se tornar esposa e, depois disso, mãe. Ela foi submetida a dietas aos dez anos de idade, ensinada a raspar os pelos das pernas muito cedo, treinada para as responsabilidades de uma esposa, carregada de tarefas domésticas e, mais tarde, tirada da escola para encontrar um marido.

Minha mãe era uma criança inteligente, então, quando a tiraram da escola, isso abalou muito a sua autoestima. Ao forçá-la a fazer dietas quando ainda era criança, seus pais a carregaram de inseguranças. E ao obrigá-la a assumir o papel de futura esposa e mãe quando ainda era apenas uma menina, antes de estar pronta para isso, foi algo humilhante. Menininhas querem brincar de se fantasiar e se preocupar com coisas de criança. Elas não foram feitas para carregar os papéis e as responsabilidades dos adultos (o máximo que eu fazia quando criança era cozinhar com meu fogãozinho de brinquedo!). Esse tipo de criação, somado a uma igreja que, como eu disse antes, incentivava falsas profecias, não tinha amor e controlava as mulheres. Era um cenário perfeito para a rebeldia. Pelo menos para uma menina de personalidade forte e dona de si, que era exatamente o caso da minha mãe.

Preciso fazer uma pausa aqui. Talvez você esteja pensando: "Que pais horríveis ela teve!" Mas é importante entender que formas de pensar e de agir são transmitidas de geração em geração. Não vou me estender muito nesse ponto, mas meus avós também não tiveram uma criação fácil: um deles foi criado por um pai alcoólatra, e o outro, por um abusador sexual. Meus avós fizeram o melhor que podiam com o que sabiam e tentaram fazer a coisa certa ao criar seus filhos dentro de uma igreja. No entanto, como muitos jovens, eles eram ingênuos, vulneráveis e facilmente manipulados. Meus avós, minha mãe e o irmão dela foram vítimas fáceis. Era um caso clássico de bebês criando bebês, e as más influências ao redor deles usavam máscaras de "gente boa." Por causa de tudo isso, minha mãe cresceu com um grande desejo de fugir daquela realidade. Entretanto, quando finalmente tentou se libertar, acabou correndo direto para os braços do seu primeiro amor: meu pai.

Meu pai foi criado em um ambiente extremamente abusivo. O pai dele, meu avô, havia sido criado durante a Grande Depressão e era extremamente ganancioso, não tinha fé em Deus e era um mulherengo e alcoólatra, que não demonstrava amor. Era um homem cruel, extremamente egoísta e parecia se importar mais com dinheiro e bens materiais do que com qualquer pessoa ou relacionamento. Quando meu pai tinha apenas seis anos, meu avô o chamou, abriu uma cerveja para ele e outra para si, e disse: "Está na hora de eu te ensinar como ser um homem." Ele tinha apenas seis anos de idade, bebendo cerveja e ouvindo um discurso sobre ser homem vindo de quem servia as bebidas. Obviamente, meu avô não batia muito bem da cabeça!

Minha avó amava muito o meu pai. Infelizmente, ela descobriu que estava com câncer quando ele tinha apenas dezesseis anos de idade. Isso mudou muitas coisas. Meus avós se divorciaram e, rapidamente, meu avô se envolveu com outra mulher. Meu pai sempre descreveu sua infância para mim como sendo muito difícil, sem momentos reais de intimidade entre pai e filho.

À medida que o câncer da minha avó avançava, meu pai precisou cuidar cada vez mais dela. Ele teve que vê-la ficar extremamente debilitada por causa dos tratamentos de quimioterapia e perder os cabelos. Ela envelheceu rapidamente enquanto lutava uma batalha que sabia que iria perder, o que só aumentou o ressentimento do meu pai em relação ao próprio pai. Em certo momento da luta contra a doença, parecia que ela estava melhorando. Chegou a se casar novamente! Todos gostavam muito do novo marido dela, Ron— especialmente o meu pai. Ron finalmente ofereceu ao meu pai o amor e a atenção que ele tanto precisava. Ron fez com que ele se sentisse como um verdadeiro filho. Eles se divertiam juntos, faziam passeios de pai e filho— coisas que ele jamais havia feito com seu pai biológico.

Mas não demorou muito para que Ron fosse diagnosticado com câncer. Pior ainda: estava em estágio avançado e evoluiu de forma tão rápida que, em poucos meses, ele faleceu. Meu pai perdeu o primeiro homem que o amou de verdade e ficou sozinho com um pai egoísta e cruel, que pouco se importava com ele. Assim, ele seguiu cuidando de sua mãe enquanto ela retomava a luta contra o câncer. Não é surpresa, que desde jovem, ele tenha sido atormentado pela dor, rejeição e maldições geracionais.

QUEBRADOS

Minha mãe tinha dezessete anos e meu pai, vinte e um, quando se conheceram. Minha mãe era linda e chamou a atenção do meu pai imediatamente. Meu pai também era bonito, e juntos formavam o que parecia ser o "casal perfeito."

Minha mãe, ingênua devido à criação religiosa e controladora que tivera, se apaixonou completamente pelo meu pai, desejando o casamento e a família que havia sido ensinada a acreditar ser seu único destino. Meu pai, por outro lado, queria apenas ter a própria vida, depois de suportar tantas pressões durante sua infância e ser colocado para se virar sozinho tão cedo. Ele era "experiente demais" para a idade e só queria festejar, se divertir, ter uma garota linda ao seu lado, beber e aprontar um pouco. Quando conheceu minha mãe, ele estava exatamente nesse ritmo— inclusive vendendo drogas.

Minha mãe, por ter sido criada de forma tão protegida, nunca tinha visto drogas na vida e, por isso, não tinha noção de como ele estava envolvido nesse mundo.

De certa forma, os dois estavam se rebelando contra a criação que haviam recebido. E isso os levou diretamente um para os braços do outro— e eles trouxeram cada ferida e dor do passado com eles. Era uma receita para o desastre.

Aos dezenove anos, minha mãe descobriu que estava grávida de mim. Por conta da pressão dos pais dela e da igreja, meus pais se casaram antes que eu nascesse. Minha mãe acreditava que isso faria meu pai sossegar e seria exatamente o que ele precisava para se tornar um bom marido e pai.

Mas meu pai escondia muito bem o fato de que ainda vendia e usava drogas, pois sabia que minha mãe jamais aceitaria aquilo. No entanto, ele não conseguia esconder tudo, e seu comportamento continuava o mesmo. Isso, para dizer o mínimo, causava muita tensão no casamento. Ele estava envolvido demais para perceber que a criação que teve exercia mais poder sobre ele do que qualquer promessa de mudança.

Quando eu nasci, meu pai ainda vivia do jeito que queria. Minha mãe começou a suspeitar que ele estivesse se envolvendo com outras mulheres, e as brigas entre eles só aumentaram. Minha mãe passou a flagrar meu pai vendendo e usando drogas. Ela o deixou muitas vezes, levando-me para a casa dos meus avós, para proteger a nós duas. No entanto, ele sempre ligava dizendo o quanto nos amava de verdade (especialmente a mim), o quanto queria que voltássemos para casa e prometia que iria mudar.

———————————

Ele estava envolvido demais para perceber que a criação que teve exercia mais poder sobre ele do que qualquer promessa de mudança.

Infelizmente, meu pai não fazia ideia de como mudar. O ciclo era sempre o mesmo. Ele tentava se endireitar por um tempo, mas logo se frustrava por não conseguir manter a "vida de família." Então, começava a se convencer de que tinha o direito de viver como quisesse por ser jovem, e usava tudo o que tinha passado na infância como justificativa. Esse ciclo o levava de volta ao mundo das festas, das drogas e das mulheres.

Quando eu tinha dois anos de idade, meu pai já havia perdido completamente o controle e o respeito pela própria família. Ele desistiu de esconder seu estilo de vida desregrado. Já não era mais uma escolha— aquilo estava tomando conta de quem ele era. E não ajudou o fato de sua mãe ter perdido a batalha contra o câncer. Era como se ele tivesse encontrado um novo motivo para continuar naquele estilo de vida destrutivo.

Certo dia, minha mãe entrou em um cômodo e me encontrou com alguns dos apetrechos de drogas do meu pai em minhas pequenas mãos. Aquilo foi o suficiente para ela. Ela arrumou nossas coisas e fomos morar com meus avós.

Pouco tempo depois, minha mãe descobriu que estava grávida do meu irmão. Aos vinte e um anos de idade, ela tinha uma criança de dois anos (eu) e outra a caminho. Mesmo assim, minha mãe e meu pai decidiram tentar fazer o relacionamento funcionar, pelo bem da família— mas as coisas só pioraram. A esperança de mudança durou pouco.

O estresse sobre a minha mãe era extremo, além de estar grávida, ela ainda precisava se preocupar com onde o marido estava, o que estava fazendo e com quem. No terceiro trimestre da gravidez, eles tiveram uma briga feia. Meu pai agrediu fisicamente minha mãe, e ela precisou ir ao hospital para se certificar de que estava tudo bem com o bebê, meu irmão.

Depois que minha mãe recebeu alta, voltou para casa e encontrou outra mulher se mudando para a nossa casa. Essa mulher disse à minha mãe que era o fim para ela, que seu marido (meu pai) agora era o homem dela, e que aquela casa agora pertencia a ela.

Como você pode imaginar, minha mãe perdeu o chão— a ponto de considerar o suicídio. Mais tarde, ela me contou que teria tirado a própria vida se não estivesse esperando meu irmão (ela diz que ele salvou a vida dela). Eu não consigo sequer imaginar a dor que ela sentiu naquele momento, nem o desespero profundo ao enfrentar o fim do casamento com o pai de seus dois filhos. Ela se divorciou do meu pai e passou a viver e trabalhar como mãe solteira.

Meus pais estavam mais quebrados do que nunca. Meu pai se entregou completamente a uma vida de drogas e mulheres, enganando a si mesmo ao acreditar que aquilo era um direito seu e o verdadeiro desejo da sua vida. Ele afastou a família que, quando criança, sempre sonhou em ter— a família que o amava. Embora minha mãe tivesse sido criada para acreditar que seu único propósito na vida era encontrar um marido e construir uma família com ele, agora ela estava sozinha para criar seus filhos. Havia sido enganada, traída, agredida e humilhada, e ainda assim precisou seguir em frente. As vidas deles moldaram a minha vida.

PERGUNTAS PARA VOCÊ

1. Como você foi criado?

2. Quais detalhes você sabe sobre como seus pais foram criados?

3. Como isso pode te dar uma nova perspectiva sobre a forma como eles te criaram?

4. Se você teve uma experiência negativa com seus pais na infância ou até hoje, você já os perdoou? Por quê ou por que não?

5. O que foi transmitido para você pelos seus avós e pais (tanto coisas boas quanto ruins)? Se você foi adotado, quais lutas ou fragilidades você carrega na sua vida que podem ter vindo dos seus pais biológicos? Anote tudo.

6. Reserve um momento para ser grato(a) pelo que foi bom— mesmo que seja apenas uma coisa— e anote.

7. De que forma você pode trabalhar nas coisas ruins?

É HORA DE ESCREVER A SUA HISTÓRIA...

2

EU

Crescendo, lembro-me de ser uma criança bastante revoltada. O divórcio dos meus pais me trouxe inseguranças muito cedo. Entre todos os meus amigos, apenas alguns de nós tinham pais separados. Naquela época isso não era tão comum, e eu não entendia por que os meus pais não estavam juntos. Tudo o que eu queria era me sentir "normal", mas não conseguia escapar da sensação de que não pertencia a lugar algum. Muito cedo na vida, eu comecei a acreditar que precisava ser uma versão falsa de mim mesma para ser aceita.

Uma das coisas curiosas da minha vida era que eu tinha dois Natais— a véspera de Natal com meu pai e a manhã de Natal com minha mãe. Na verdade, tínhamos dois de tudo: duas casas, dois quartos diferentes, duas vidas completamente distintas. As coisas eram totalmente diferentes na casa do meu pai em comparação com a casa da minha mãe. Mais tarde, conheci algumas crianças de famílias divorciadas que diziam se sentir sortudas por terem duas coisas de tudo, mas essa não era a minha realidade. Meus pais não se davam bem. Para mim, parecia que estávamos sempre sendo empurrados de um lado para o outro e disputados entre eles. Eu me sentia como um contracheque, com uma etiqueta de preço na testa.

Lembro-me de ouvir meu pai dizer que minha mãe estava roubando ele através da pensão alimentícia. Ele dizia que ela fazia com que ele pagasse dinheiro para cuidar de nós, mas ficava com tudo para ela.

Na maioria das vezes, meu pai fazia meu irmão ou eu entregar o cheque para ela. Eu me sentia triste e envergonhada. Comecei a questionar quem minha mãe realmente era, sem nunca duvidar se meu pai estava dizendo a verdade. Ele era meu pai, e para mim isso bastava. Como eu poderia saber que meu pai falava a partir de anos de dor e rejeição, e que minha mãe não era nada daquilo que ele dizia?

Eu não tinha coragem de contar para minha mãe que ele falava essas coisas. No entanto, a imagem que eu tinha dela começou a se manchar. Eu ficava muito confusa. Meu pai talvez não percebesse que minimizar os próprios erros, inventar desculpas e até defender seu comportamento estava me contaminando. Eu já estava confusa o bastante, sem entender por que meus pais não estavam juntos. Essa era uma grande pergunta na minha mente. Minha mãe não comentava muito sobre os motivos (provavelmente tentando nos proteger), mas ela não fazia ideia da enxurrada constante de "respostas" que meu pai me dava— quase sempre retratando minha mãe como uma pessoa má.

Minha mãe, ainda no meio do próprio processo de cura, não percebia que eu sequer havia começado o meu.

Para piorar, dois anos depois do divórcio, quando eu tinha quatro anos de idade, minha mãe se casou novamente e eu ganhei um padrasto e um meio-irmão. Eu sentia como se meu padrasto tivesse roubado minha mãe de mim— principalmente quando não pude mais dormir com ela, como fazia antes.

"Desconfortável" é pouco para descrever o quanto foi difícil, para mim, enquanto criança, tentar entender que outro homem estava se mudando para a nossa casa e começando a agir como meu pai.

Eu não queria outro pai! Eu queria que o meu pai fosse o meu pai, ao lado da minha mãe! Sentia que aquele homem tinha chegado e destruído isso. Minha mãe, ainda no meio do próprio processo de cura, não percebia que eu sequer havia começado o meu. Eles logo estavam esperando meu irmão mais novo. Haviam começado a vida deles juntos, e eu me sentia perdida no meio das vidas deles— a vida da minha mãe, do meu novo padrasto e do meu pai.

RAIVA

Tudo isso gerou uma enorme quantidade de raiva dentro de mim enquanto eu ainda era uma menina. Eu estava com medo do desconhecido na minha vida, então, minha forma de reagir era sempre com raiva. Eu brigava o tempo todo com o meu irmão. E quando digo brigar, não me refiro a aquelas brigas normais entre irmãos; eram verdadeiras lutas de trinta minutos e pancadarias no quintal. (Meu pai deixava a gente se enfrentar pelo tempo que fosse necessário até que um de nós vencesse ou não aguentasse mais— o que geralmente acontecia com meu irmão, porque eu era mais velha e maior.) Às vezes, eu o trancava dentro de baús e o deixava lá. Amarrei ele em cadeiras com fita adesiva na boca algumas vezes. E em algumas ocasiões, quando me pediam para tomar conta dele, eu o deixava preso em um banheiro escuro por horas, até que algum dos meus pais aparecesse para resgatá-lo. Eu estava cheia de ódio e, infelizmente, descontava tudo isso no meu irmão mais novo. A dor emocional que eu guardava só aumentava e começou a transbordar. Chegou um momento em que eu não conseguia mais conter aquilo.

Meu pai fazia o papel de "pai legal", deixando a gente fazer o que quisesse, quando quisesse. Quando éramos mais novos e visitávamos a casa do meu pai, comíamos tudo o que não era saudável, assistíamos ao que queríamos (incluindo todos os filmes de terror que você puder imaginar) e íamos dormir na hora que bem entendêssemos— tudo sem nenhuma disciplina.

Minha mãe era exatamente o oposto: muito rígida. Na casa dela, a gente sempre comia de forma saudável, seguíamos horários (incluindo hora certa para dormir), frequentávamos a igreja, precisávamos tirar boas notas na escola e havia bastante disciplina. É fácil imaginar qual dos dois pais poderia parecer mais atrativo para uma criança— e nosso pai sabia disso. Ele queria ser o favorito para se sentir confiante no relacionamento com os seus filhos.

As férias, os presentes e as datas comemorativas se tornaram uma competição. Minha mãe, é claro, detestava isso! E, em resposta, ela ficava ainda mais rígida, acreditando que precisava compensar os maus hábitos que meu pai estava nos ensinando a cada fim de semana. E isso só piorava com o nosso padrasto, de quem eu não gostava nem um pouco! Para ele, tudo tinha que estar perfeitamente limpo. Nossos quartos tinham que estar impecáveis, as camas tinham que estar perfeitamente arrumadas, a cozinha era fechada em determinado horário e por aí vai.

Ele era extremamente rígido e metódico! Tudo isso fazia com que, aos poucos, minha mãe e meu padrasto se tornassem cada vez menos atrativos para mim, principalmente quando eu comparava a rotina da casa deles com os fins de semana leves e divertidos na casa do meu pai.

Mas nem tudo era bom na casa do meu pai. Ele tinha várias namoradas diferentes, que iam e vinham em nossas vidas. Eu sempre me apegava a elas e, de repente, nunca mais as via. Ele nunca ficava muito tempo sem uma nova namorada. Meu pai queria tanto imitar a imagem de família bem resolvida que minha mãe havia construído, que dizia sobre toda garota nova que aparecia: "Ela pode ser sua futura madrasta." Eu então me apegava completamente à nova namorada— e, de repente, ela sumia, sem nem ao menos um adeus. Como resultado, eu tive muitos altos e baixos, eu vivia uma montanha-russa emocional sobre a minha vida. Eu queria constância, mas isso era impossível na nossa família divorciada.

ATENÇÃO, ATENÇÃO, ATENÇÃO

Nenhum dos meus pais percebia o que se passava na minha cabecinha. E, para falar a verdade, nem eu sabia. Eles estavam tão ocupados tentando compensar o que achavam ser os erros um do outro, que eu comecei a acreditar que o erro era eu. Eu era mimada demais e, ao mesmo tempo, negligenciada. Eu sentia uma necessidade desesperada de ser o centro das atenções— e, se eu não fosse, morria de ciúmes de quem eu achava que estava ocupando esse lugar, fosse meu irmão, meu padrasto, algum amigo na escola, qualquer pessoa. Eu ansiava por atenção.

Lembro que, uma vez, visitamos a casa dos meus primos e eu fiquei morrendo de inveja porque eles tinham um brinquedo novo da Polly Pocket que eu queria muito. Eles tinham tão poucas coisas, mas eu queria aquele brinquedo— e queria que eles não tivessem! Eu me envergonhava desse sentimento, porque amava meus primos e, normalmente, a gente se dava muito bem. Mas o ciúme cresceu dentro do meu coraçãozinho por causa daquele brinquedo, e então tive uma ideia. Convenci eles a brincar de esconde-esconde e, quando eles se esconderam, eu peguei o brinquedo da Polly Pocket e coloquei na minha bolsa. Uma das minhas primas me flagrou e disse que tinha me visto pegando o brinquedo. Eu menti para elas, dizendo que não tinha pegado. Mais tarde, naquele mesmo dia, minha mãe foi me buscar e voltamos para casa.

No dia seguinte, minha tia ligou para a minha mãe e para o meu padrasto contando sobre o brinquedo, dizendo que ele havia desaparecido e que as filhas dela achavam que eu tinha pegado. Minha mãe me perguntou sobre isso, e eu tentei mentir de novo. Mas ela enxergou a verdade na hora! Eu fiquei tão envergonhada e com tanta vergonha de mim mesma! Como se isso não bastasse, minha mãe me fez devolver o brinquedo pessoalmente, contar a verdade e pedir desculpas (com toda razão!). Eu fiquei humilhada. Esse, definitivamente, não era o tipo de atenção que eu queria!

Se eu não recebia a atenção que desejava, sentia que não era amada (mesmo que isso fosse uma ideia falsa de amor). Eu estava competindo por amor, sem saber como expressar o que eu realmente precisava.

A maldição hereditária da rejeição havia sido passada para mim.

Quando eu tinha oito anos de idade, meu pai se casou com uma mulher chamada Sandy. Meu irmão e eu gostávamos muito dela enquanto eles namoravam. Ela tinha dado para o meu irmão todas as roupas antigas do exército dela, da época em que serviu, e para mim algumas roupas de fantasia dos anos 80. Ela não tinha filhos, então seríamos os primeiros. Meu pai achava que ela seria a pessoa que completaria nossa família. Ele pediu que a chamássemos de "mãe", mas aquilo soava estranho. Ela não parecia uma mãe para mim. Era mais uma grande mudança na minha vida, sobre a qual eu não tinha voz nem compreensão.

Nunca vou esquecer o dia em que nosso pai disse para mim e para o meu irmão que nós participaríamos do casamento deles. Ficamos tão empolgados com isso! De certa forma, aquilo fazia a situação parecer mais certa. Eu mal podia esperar para ser a daminha de honra do meu pai! Mas, pouco antes do casamento, nosso pai nos contou que Sandy tinha decidido que não queria crianças na cerimônia. O casamento seria pequeno, apenas com eles, alguns amigos próximos e familiares. Eu fiquei de coração partido! A única coisa que me animava em meio a tudo aquilo era fazer parte daquele dia. Seria um momento para nos sentirmos uma família e criar um vínculo com Sandy como minha nova mãe. Eu não conseguia entender por que ela decidiu que não queria a gente lá. Como eu deveria lidar com aquilo?

Isso despertou mais uma vez em mim um sentimento profundo de rejeição. De novo, ninguém me perguntou como eu me sentia em relação a isso; meu pai apenas me contou e foi embora.

Quando meu pai e Sandy voltaram da lua de mel, ela era outra pessoa! Voltou completamente autoritária— a anti-mãe. Ela nos odiava, a mim e ao meu irmão. Achava que éramos os obstáculos entre ela e a verdadeira felicidade do meu pai. Ela imaginava que, depois do casamento, meu pai ficaria tão comprometido com ela que nos abandonaria e se mudaria para que pudessem começar uma nova vida juntos.

Ela era terrível conosco. Gritava e berrava o tempo todo. Nos trancava no nosso quarto durante a maior parte do dia, sempre que meu pai não estava em casa. Ela sempre nos envergonhava na frente dos nossos amigos. Não havia o menor instinto materno naquela mulher!

Lembro de uma manhã em que Sandy e meu pai nos levaram para tomar café da manhã fora. Eu pedi um café tradicional, que vinha com ovos, torradas e linguiça. Comi os ovos e a torrada, mas deixei a linguiça porque eu não gostava (na verdade, eu nunca comi carne de porco e até hoje não como).

Se eu não recebia a atenção que desejava, sentia que não era amada (mesmo que isso fosse uma ideia falsa de amor). Eu estava competindo por amor, sem saber como expressar o que eu realmente precisava.

Ela aproveitou a oportunidade para me torturar por causa da linguiça que ficou no prato.

"A gente não vai sair desse restaurante até você terminar a sua refeição inteira! Você pediu, agora vai comer!", Sandy gritou comigo.

"Mas eu não gosto de carne de porco. Eu não quero comer isso!", eu respondi.

"Você vai fazer o que eu mandar! Vai comer essa linguiça!"

Discutimos por alguns minutos, até que eu comecei a chorar. Finalmente, meu pai interveio e disse que eu não precisava comer aquilo ali, naquele momento. Sandy então pediu uma embalagem para a garçonete para levar a linguiça para casa. E me avisou que, antes de comer qualquer outra coisa, eu teria que comer aquela linguiça. Voltamos para casa. Algumas horas depois, na hora do almoço, fui até a cozinha e comecei a preparar um sanduíche.

Foi então que ouvi a porta do quarto abrir com tudo, e lá estava Sandy, gritando comigo e perguntando, "O que você pensa que está fazendo?"

"Estou com fome e só estou fazendo um sanduíche para o almoço", respondi. Ela arrancou tudo das minhas mãos, jogou fora e guardou o resto na geladeira. Depois pegou a caixa com a linguiça do café da manhã e enfiou na minha cara.

"Você vai comer isso antes de encostar em qualquer outra comida!", ela gritou. "Eu não me importo se você ficar dias sem comer— você vai comer essa linguiça!"

Eu comecei a chorar e corri para o meu quarto, bati a porta e fiquei lá até meu pai chegar do trabalho, já tarde da noite. Passei o dia inteiro chorando e escrevendo no meu diário sobre o quanto eu odiava minha nova mãe. Contei para o meu pai o que ela tinha feito. Disse a ele que não queria mais visitar a casa dele enquanto ela estivesse lá.

Meu pai começou a perceber como ela nos tratava. E também não conseguia aceitar as conversas que ela estava tendo com ele, dizendo que queria que ele nos deixasse com a nossa mãe para que os dois pudessem ir embora e começar uma nova vida juntos. Sem saber, ela cometeu um grande erro: subestimou o amor que meu pai tinha por nós. Meu avô havia sido tão cruel e sem amor com meu pai, que ele tinha prometido a si mesmo que nos amaria, não importa o que acontecesse— e de jeito nenhum ele nos abandonaria. Ele disse isso a Sandy, e, claro, ela não aceitou bem. No fim do primeiro ano de casamento, eles se divorciaram.

Na casa da minha mãe, eu também enfrentava o mesmo tipo de ressentimento em relação ao meu padrasto. Lembro de uma das primeiras vezes que minha mãe trouxe ele à nossa casa. Eu tinha quatro anos de idade. Eles estavam sentados no sofá, e ele colocou o braço em volta da minha mãe. Lembro de ter sentido muita raiva. Fui até eles, me enfiei no meio e tirei o braço dele de cima dela. Ele podia até ser o melhor homem do mundo— mas isso não importava para mim. Eu não estava pronta para tantas mudanças. Sempre fui a sombra da minha mãe. Eu a seguia por toda parte, dormia com ela todas as noites, queria parecer com ela e ser como ela.

Depois que eles se casaram, quando eu tinha cinco anos de idade, lembro de ter tentado conversar com minha mãe sobre meu padrasto e sobre a minha necessidade de ter mais dela (ou pelo menos tentei expressar isso). Ela tentou me explicar que deveria colocar o marido em primeiro lugar.

"Antes de mim, não!", eu respondi furiosa.

"Querida, meu marido deve vir em primeiro lugar, e depois vocês, meus filhos."

Eu fiquei completamente arrasada! Eu não entendia nada sobre esse negócio de casamento, quem deveria ser o primeiro ou o que quer que fosse— eu só tinha cinco anos de idade! Eu só queria mais da minha mãe. Eu estava sofrendo com tantas mudanças e não sabia como dizer isso. A resposta dela era a última coisa que eu precisava ouvir. Aquilo endureceu o meu coração contra o meu padrasto. Eu não queria nada com um homem que tinha chegado e tirado minha mãe de mim, mas estava presa a ele. Eu decidi que iria odiá-lo, não iria ouvi-lo e me apegaria ainda mais ao meu pai. Parecia que tudo era uma grande armadilha: o abandono que eu sentia, as coisas que meu pai falava sobre minha mãe, os "novos pais" entrando na minha vida, minha mãe permitindo que esse "novo pai" tomasse o meu lugar— e ainda ouvir ela dizer que ele tinha que ser o número um, e não eu. Só podia ser uma conspiração contra mim!

Cada vez mais, fui enterrando as minhas emoções dolorosas e as minhas mágoas. Eu me sentia presa dentro de uma sensação sufocante de rejeição. Era como pisar em um chiclete— quanto mais eu tentava tirar aquilo de mim, mais grudava! Desde muito nova, desenvolvi grandes inseguranças, competitividade e ciúmes. Eu sentia uma pressão doentia para ser perfeita. A perfeição, eu pensava, agradaria aos outros e a mim. Porém, eu não conseguia lidar com tanta pressão, dor e feridas, então continuava descontando tudo em explosões de raiva.

Por volta dos treze anos de idade, eu comecei a demonstrar total desrespeito pelos meus pais. Uma coragem assustadora tomou conta de mim, movida por uma raiva intensa. Era rebeldia. Mal sabia eu que essa combinação doentia estava prestes a me lançar em um ciclo destrutivo e sem controle.

———

A perfeição, eu pensava, agradaria aos outros e a mim.

PERGUNTAS PARA VOCÊ

1. Quais padrões prejudiciais você está repetindo por causa das experiências que viveu? Alguns exemplos incluem: querer controlar situações ou pessoas por medo de que elas te abandonem ou tomem decisões que você não goste; competir com amigos porque você sente uma pressão para ser perfeito(a); ou rejeitar as pessoas que você ama antes que elas façam isso com você. Esses são padrões destrutivos que, pouco a pouco, destroem nossos relacionamentos e nossas vidas.

2. Como é bom colocar isso no papel, não é? Não é fácil admitir padrões ruins, mas é libertador tirar isso de dentro da gente! É libertador falar em voz alta e anotar nossas fraquezas e tentações. Tem mais alguma coisa que você gostaria de colocar para fora? Escreva suas tentações. Traga tudo à luz!

3. Quem, na sua vida, é alguém de confiança com quem você pode compartilhar isso e que pode te ajudar a não viver mais dessa maneira? Depois de anotar os nomes dessas pessoas, procure por elas. Se você acha que não tem ninguém, será mesmo? Se de fato não tiver, procure um grupo de igreja e comece a construir relacionamentos saudáveis, para que você tenha uma comunidade ao seu redor!

4. Você tem dificuldades para confiar nas pessoas? Se sim, escreva isso também, junto com os motivos pelos quais você tem essa dificuldade.

5. Quais qualidades e atitudes você deseja cultivar para substituir esses padrões prejudiciais na sua vida? Por exemplo: troque o ciúme por celebração e amor pelos dons e talentos dos outros! Substitua a competição nas amizades por unidade e parceria! Troque a fofoca e a maledicência por honra e esperança de cura para essas pessoas.

É HORA DE ESCREVER A SUA HISTÓRIA...

3

MINHA ADOLESCÊNCIA

Foi aí que *tudo* começou para mim. Eu era uma aluna nota 10 e praticava vôlei, basquete, softbol e tênis. Levava a escola muito a sério— e meus pais também. Eu me lembro que tinha tanto medo de decepcionar minha mãe e meu padrasto com minhas notas que fazia qualquer coisa para mantê-las altas. Por outro lado, queria dar orgulho ao meu pai sendo uma boa atleta. Ele treinou muitos dos times em que meu irmão e eu jogamos enquanto crescíamos. Esporte era algo muito importante para o meu pai. Eu me esforçava tanto para manter uma imagem positiva diante da minha família, dos professores, dos treinadores e de todo mundo ao meu redor, a ponto de me sobrecarregar com toda essa pressão. Minha personalidade perfeccionista, muitas vezes, fazia de mim a minha pior inimiga— especialmente naquela época. Eu queria ser amada por todos e, sem perceber, tinha assumido um estilo de vida totalmente baseado em desempenho diante das pessoas.

Eu não conseguia enxergar que as outras pessoas olhavam para mim e queriam ser como eu, porque eu mesma me odiava profundamente. Havia meninas tentando ser como eu, enquanto eu queria ser como elas. Inseguranças profundas começaram a crescer dentro de mim.

Como se ser adolescente já não fosse difícil o suficiente, com todos esses conflitos, tudo parecia quase impossível.

Eu comecei a passar mais tempo na casa do meu pai e na casa de amigos, porque eu tinha muito mais "liberdade" nesses lugares do que na casa da minha mãe e do meu padrasto. Eu comecei a conhecer novas pessoas— pessoas mais velhas. Muitos dos meus amigos tinham irmãos mais velhos, e os amigos desses irmãos também eram mais velhos, então andar com eles parecia muito legal.

Quando eu tinha quatorze anos de idade, conheci Tim, um aluno do terceiro ano do ensino médio. Ele tinha dezoito anos, um carro veloz e total liberdade e eu achava aquilo o máximo! Ele me levava para passear, para Seattle, para correr de carro com ele— tudo era uma descarga total de adrenalina. Foi com Tim que tomei minhas primeiras doses de álcool e fumei meus primeiros cigarros.

Tim me via como uma garota jovem, bonita e destemida, e foi quem me apresentou as primeiras sensações de *"liberdade"* e emoção. Mas eu não enxergava a beleza em mim. O véu da insegurança me impedia de enxergar qualquer tipo de valor ou beleza em quem eu era. Porém, o que eu não conseguia enxergar, Tim e outros conseguiam. Saber que Tim e outras pessoas se sentiam atraídas por mim me fazia sentir desejada, amada e satisfeita comigo mesma.

O véu da insegurança me impedia de enxergar qualquer tipo de valor ou beleza em quem eu era.

Observação: É assustador para garotas tão jovens quando a atenção que recebem não é, na verdade, o tipo de atenção que elas verdadeiramente desejam, e muitas vezes vem de pessoas com motivações impuras. Há muitos rapazes por aí que só querem tirar algo das garotas e deixá-las em pedaços.

Eles enxergam carne e querem carne. E você pode olhar para eles e pensar: "Ah, o príncipe encantado", quando, na verdade, a única coisa encantadora neles são as frases feitas e os sorrisos ensaiados. A autoconfiança é rara nesta geração de meninas, e muitas das que têm se baseiam em coisas superficiais e carnais. A confiança verdadeira precisa voltar para essa geração de garotas e mulheres— uma confiança baseada em destino e identidade verdadeira, não no tamanho dos seus seios, o quão magras elas são ou quantos comentários e olhares recebem por se vestirem de forma provocante.

Garotos, vocês precisam aprender a procurar por algo mais profundo do que aparência, e talvez descubram o que realmente estão buscando: uma parceira que estará ao seu lado e vai te apoiar em tudo o que vocês quiserem fazer. Se você perceber que uma garota está tentando te atrair apenas com o corpo, lembre-se: não vai demorar muito para ela correr atrás do próximo cara que lhe der atenção. Você não vai curar a insegurança dela, e ela não vai curar a sua cobiça. Resumindo: olhe além da aparência.

A confiança verdadeira precisa voltar para essa geração de garotas e mulheres— uma confiança baseada em destino e identidade verdadeira.

Meu pai ignorava meu relacionamento com Tim, mas minha mãe não sabia de nada, porque eu escondia tudo dela. Aquela era a parte da minha vida que eu só vivia quando estava na casa do meu pai ou de amigos.

Tim também foi minha primeira experiência sexual. Ele queria transar, mas eu tinha medo, então disse não. Mesmo assim, ele continuava insistindo para fazermos coisas sexuais. Naquele momento da minha vida, eu ainda tive coragem suficiente para impedir que as coisas fossem longe demais, mas mesmo assim eu sempre ficava com um sentimento de vergonha e constrangimento.

Até aquele momento, eu só tinha beijado outra pessoa antes, por causa de uma aposta e odiei. Eu beijei e fui embora. Tive alguns "namorados" no ensino fundamental, mas aquilo era mais para causar efeito e fazer drama do que qualquer relacionamento de verdade. Na casa da minha mãe, eu não podia falar com meninos no telefone (na verdade, eu até gostava disso, porque nem queria!). Eu dizia sim para os garotos que me chamavam para sair só porque gostava da atenção (e não sabia como dizer não). Além disso, minhas melhores amigas e eu tínhamos uma competição para ver quem conseguia "namorar" mais garotos. Mas eu não conversava ao telefone com esses meninos, não saía com eles e nem os beijava. Eu nem deixava que eles me acompanhassem até a sala de aula. Para mim, a ideia era divertida, mas a prática de namorar de verdade, nem tanto.

Tentando ser alguém que eu não era, passei de um beijo por causa de uma aposta para minha primeira experiência sexual aos catorze anos com um rapaz de dezoito! E eu não queria aquilo! Eu queria romance e amizade, mas não a parte sexual. Obviamente, ele queria exatamente o oposto.

Toda vez que você tenta ser alguém que não foi criada para ser, você vai falhar— miseravelmente!

Fiquei tão envergonhada com tudo isso que, aos poucos, fui tentando não falar mais com ele. No entanto, de alguma forma, aquela experiência sexual simplesmente me anestesiou. Era como se, no meu coração, eu tivesse dito: "Bom, agora que isso aconteceu, não sobrou muito." Lembro que me senti inferior como pessoa— e fui me tornando cada vez mais descuidada comigo mesma. Era como se eu tivesse acreditado naquele sussurro mentiroso de que agora eu era adulta e estava pronta para qualquer coisa. A minha primeira experiência sexual marcou uma mudança gigantesca na minha vida— e para pior.

> **Observação:** Toda vez que você tenta ser alguém que não foi criada para ser, você vai falhar— miseravelmente! Você foi chamada para viver o seu propósito, e

não o de outra pessoa. Você foi criada para fazer aquilo que só você pode fazer, enquanto outras pessoas foram criadas para cumprir aquilo que só elas podem. E se você está tentando fazer o que só cabe a outros, como pode dar certo? O que você nasceu para fazer nunca será realizado se não decidir viver aquilo para o qual foi chamada. Você é a melhor versão de você mesma. Tenha confiança em quem você é e pare de olhar para os outros buscando um modelo de como agir, se vestir ou falar— a não ser que essa pessoa seja confiável: um pai, uma mãe, um professor ou alguém que já tenha te dado bons conselhos e que consegue enxergar em você aquilo que você mesma não consegue ver. Essa pessoa precisa ser uma boa influência, alguém com motivações puras ao falar sobre sua vida.

Às vezes, é preciso uma liderança de coração puro e sincero para extrair de nós aquilo que não conseguimos enxergar em nós mesmos. Embora todos tenhamos convicções sobre o que devemos ou não fazer, precisamos escutá-las e não ignorá-las. Se ignorarmos essas convicções, elas vão ficando cada vez mais silenciosas.

CRISE DE IDENTIDADE

Minha vida em casa estava completamente desestruturada. Eu vivia discutindo e brigando com meus pais. Por algum motivo, eu tinha perdido todo o respeito por eles e estava em constante guerra. Eu já não contava mais nada para a minha mãe! Na verdade, eu mentia para ela o tempo todo. Lembro de uma noite em que ela me confrontou na cozinha— e eu explodi com ela, desrespeitando-a de um jeito terrível. Quando percebemos, estávamos as duas trocando socos. Meu padrasto precisou intervir para nos separar. Na manhã seguinte, acordamos com os olhos roxos.

Minha vida familiar estava desmoronando.

Eu sentia como se o alicerce da minha vida fosse tão instável que, a qualquer momento, eu poderia despencar pelas rachaduras.

Cheguei a ter pesadelos em que tentava não cair pelas fendas de um desfiladeiro que se partia ao meu redor. Eu escorregava por uma dessas rachaduras, mas conseguia me segurar numa beirada antes de despencar na escuridão. Tudo ao redor continuava tremendo— o chão, as beiradas às quais eu me agarrava— e eu caía de novo antes de acordar assustada, suando e aliviada por ser só um sonho. No fundo, eu sentia que esse sonho recorrente tinha a ver com o que eu estava vivendo.

Eu havia construído muros ao meu redor para manter certas pessoas afastadas, mas era como se todos conseguissem enxergar através deles— como se todos os erros dos meus pais e todos os meus erros tivessem sido gravados e estivessem sendo exibidos para todos. Parecia que a minha vida era um reality show, e quando eu chegava na escola no dia seguinte, me perguntava quem teria assistido às minhas cenas mais vergonhosas. Eles podiam ver eu e minha mãe brigando o tempo todo? Eu estava tomada por um ódio enorme por ela. Eu a odiava por ter se casado com meu padrasto e, na minha cabeça, ter escolhido ele no meu lugar.

Eu a odiava por nunca ter me defendido quando eu discutia com meu padrasto. Eu a odiava por todas as coisas que meu pai falava sobre ela. Eu simplesmente a odiava— e odiava ainda mais o meu padrasto. Parecia que eles me puniam por qualquer coisa. Eu me sentia sufocada e controlada, sem liberdade nenhuma. E isso só piorava porque, na casa do meu pai, eu tinha total liberdade: entrava e saía a hora que queria, ia para onde bem entendesse. Comparado à falta total de limites na casa dele, minha mãe e meu padrasto pareciam sufocantes! Eu não sentia amor nenhum vindo deles— só dureza e disciplina. Na minha cabeça, nosso relacionamento tinha morrido, e eu já não estava mais disposta a receber nada deles.

Eu tinha catorze anos de idade e vivia duas vidas diferentes. Me agarrava aos meus amigos. Com eles, eu era a garota feliz, engraçada e destemida. Muitos deles reviravam os olhos para mim e tentavam me impedir de fazer pegadinhas idiotas, pular de pontes em rios ou me meter em brigas. Mas eu não fazia aquilo para ser engraçada— eu queria chocar as pessoas. Era tudo uma encenação que eu armava para chamar atenção, embora, no fundo, eu realmente me divertisse com aquilo tudo. Lembro claramente de uma dessas vezes.

Certa noite, fui dormir na casa da Hannah, uma amiga de infância, junto com outra amiga próxima, a Ashley. Eu e Ashley sempre nos metíamos em confusão juntas. Enquanto Hannah estava no banho, decidimos que queríamos assustá-la de algum jeito. Então, fomos até a garagem para ver se encontrávamos alguma ideia. A porta da garagem estava aberta, e andamos até a entrada da casa, que dava para a rua. Foi quando vimos um animal enorme morto na beira da estrada. Eu e Ashley começamos a rir alto e, na hora, bolamos nossa pegadinha. Corri de volta até a garagem e peguei a pá do pai dela. Raspei o animal em decomposição do asfalto e, junto com minha parceira de crime, carregamos aquilo até o quarto da Hannah. A gente ria tanto, sem nem pensar no quanto aquilo iria mexer com ela— acho que nós não nos importamos, para ser sincera!

Puxei as cobertas da cama, e Ashley e eu colocamos o bicho morto bem no meio. Depois, ajeitamos os lençóis e o edredom por cima, cobrindo tudo. Corremos de volta para a garagem para devolver a pá e disfarçar a evidência.

Assim que voltamos para o quarto, ouvimos a Hannah saindo do banho. Corremos para a sala, ligamos a TV e ficamos lá, fingindo que éramos duas boas meninas (como se o animal morto tivesse ido parar na cama dela sozinho). Dava para ouvir ela saindo do banheiro, e nós duas começamos a rir em silêncio, cheias de expectativa, esperando a reação dela. De repente, ouvimos um grito aterrorizante! Logo depois, a Hannah gritou furiosa o meu nome: "Heatherrrrr!" Eu simplesmente caí na risada, descontroladamente. Ela veio correndo até onde estávamos, chorando, aos gritos, e mandando eu sair da casa dela e nunca mais voltar. Tentei acalmá-la, mas nada funcionou. Arrumei minhas coisas e fui para casa. E não retornei para a casa dela durante um bom tempo, somente quando minha mãe descobriu o que tinha acontecido e me obrigou a levar flores e pedir desculpas. A partir dali, Hannah se afastou de mim (com toda razão).

Eu era amiga de praticamente todo mundo— dos "certinhos" e dos "bagunceiros", dos mais velhos e dos mais novos. Na verdade, minha vida social era toda a minha vida! Era a coisa mais importante do mundo para mim. Meus pais começaram a se preocupar porque eu passava noites e mais noites na casa de amigos e não voltava para casa. Eu nunca queria estar em casa! Eu tinha me apaixonado pela minha nova identidade: a garota popular entre os meus amigos.

SAINDO DE UMA, ENTRANDO EM OUTRA

Quando completei quinze anos de idade, tomei a decisão de ir morar com o meu pai, para poder focar naquilo que, para mim, realmente importava: minha vida social. Na casa da minha mãe, tudo girava em torno de notas boas, disciplina, igreja e regras. Meu pai, naquela época, não se importava muito com nada disso. Ele só queria que eu tentasse o meu melhor na escola, me destacasse nos esportes e aproveitasse a adolescência. Ele me deixava viver a minha própria vida, contanto que isso não atrapalhasse a dele. Me deixava tomar todas as minhas decisões— enquanto eu tivesse um emprego, e eu tinha. Isso me dava dinheiro para fazer tudo o que eu quisesse. Além disso, eu era uma mentirosa muito convincente. Sabia exatamente como sair de qualquer situação, como manipular e, principalmente, como fazer meu pai confiar em mim para tudo. Eu misturava mentira com manipulação— e essa combinação virou o meu jogo.

Me mudei para a casa do meu pai no primeiro ano do ensino médio. Minha mãe já não conseguia mais me enfrentar— eu fazia da vida dela e do meu padrasto um inferno! Além disso, eles ainda tinham meus três irmãos mais novos para criar. Eu sei que, no fundo, ela esperava que eu percebesse que a grama não era mais verde do outro lado, mas ela não fazia ideia das coisas que eu já tinha na cabeça. Ela não tinha noção do que eu já tinha feito— e muito menos do que eu ainda queria fazer.

Meu pai tinha um grande armário de bebidas, e eu bebia sempre que queria. Ele nunca falava nada sobre as garrafas que sumiam, nem me perguntava para onde eu ia ou com quem estava. Meu pai tinha um enorme espaço, com lugar para dormir, e logo depois de me mudar, comecei a organizar algumas festinhas lá para os meus amigos à noite. Meu pai ia para a cama às sete da noite porque precisava acordar às três da manhã para trabalhar, então aquilo era perfeito. Nossa casa ficava no meio do nada, sem nenhum adulto por perto. Logo todo mundo começou a comentar sobre minha casa, e eu fui fazendo cada vez mais e mais festas ali.

Naquele momento, minha cabeça fervilhava de animação por finalmente conseguir fazer tudo o que eu queria— e ser quem eu queria ser. Ninguém mais ficava no meu pé, me interrogando ou me colocando de castigo. Eu, enfim, me sentia *livre*.

Uma amiga muito próxima morava a poucos quilômetros da minha casa, e ela sempre organizava festas, chamava caras mais velhos. Comecei a pensar que talvez aquela experiência sexual que eu tinha tido não fosse tão ruim assim. A vergonha já tinha passado, e eu comecei a acreditar que, de certa forma, aquilo me deixava mais madura. Eu já não me culpava mais por isso, mas também não saía contando para todo mundo. (Tim já tinha se encarregado disso.) Na verdade, comecei a achar que aquela experiência poderia até me deixar mais confiante. Afinal, minhas amigas mais velhas já tinham feito essas coisas com seus namorados— e agora eu era como elas: mais velha, mais experiente e alguém que provou que podia andar com a galera mais velha.

Foi assim que começou a crescer dentro de mim uma falsa confiança— e da pior maneira possível.

PERGUNTAS PARA VOCÊ

1. Qual foi a sua primeira experiência sexual?

2. Se não foi uma boa experiência, ou se aconteceu muito cedo ou antes do casamento, como isso mudou as coisas dentro de você? O que você sente que isso desencadeou na sua vida?

3. Que outras situações ou experiências sexuais você viveu que não foram boas para você? O que essas experiências causaram em você? Por exemplo: elas trouxeram ansiedade? Desenvolveram inseguranças? Raiva? Desejo de buscar cada vez mais experiências sexuais? Desconfiança em relação ao sexo oposto? (Escreva sobre tudo. Pode haver vários momentos ou memórias que você precise colocar no papel. Vá com calma e escreva o que precisar— você pode até voltar depois e acrescentar mais, conforme for se lembrando.)

4. O que te levou a tomar essas decisões? Talvez nem tenha sido uma decisão sua. Como você acabou nessas situações?

5. Você ainda vive debaixo dessas decisões hoje? Se sim, por quê? Se não, o que te levou a parar?

6. Imagine-se vivendo em liberdade e curada desses momentos e desse estilo de vida. Como você se vê? Nesse novo estilo de vida, como você se respeita? Como você trata os outros? Se você já está caminhando nesse processo de cura, de que forma sua vida é diferente hoje, em comparação com aquela fase?

É HORA DE ESCREVER A SUA HISTÓRIA...

4

ENSINO MÉDIO

A falsa confiança é algo perigoso— eu aprendi isso. Você sente que tem razão para fazer o que quiser com ousadia, quando na verdade essa falsa confiança não passa de uma capa para grandes inseguranças. A pessoa que sempre parece ser o centro das atenções, que é a mais barulhenta, a mais feliz e que aparentemente não se importa com o que ninguém pensa— muitas vezes é justamente a que mais se importa com o que todo mundo acha dela ou dele.

Se você é verdadeiramente confiante, isso vem de um lugar de paz dentro de você. Não é algo forçado, é genuíno. Pessoas confiantes não precisam dizer a ninguém que são confiantes. Pessoas confiantes não precisam declarar que não se importam com a opinião dos outros. Na verdade, pessoas confiantes se importam apenas com o que as pessoas certas têm a dizer sobre elas e recebem o que dizem com a sincera intenção de se aprimorarem. Pessoas confiantes não se preocupam com a opinião da maioria, não por rebeldia, mas por maturidade e respeito. Elas sabem quem são, mas são humildes nesse conhecimento. Essa não era eu. Eu era o tipo de pessoa que tinha uma falsa confiança.

Depois que me mudei para a casa do meu pai, tentei passar o

máximo de tempo possível longe da casa da minha mãe. Eu estava completamente entregue àquele estilo de vida.

Logo no começo do meu primeiro ano do ensino médio, conheci meu primeiro namorado de verdade, o Jack, um aluno do segundo ano do ensino médio. Ele me notou e foi atrás de mim. Depois que eu já tinha me apaixonado por ele, percebi que ele tinha sido namorado de uma das minhas amigas. (Ela não era uma amiga próxima e também estava no segundo ano). Isso não me deixou muito bem vista com as garotas mais velhas. Eu conhecia muitas dessas garotas desde o ensino fundamental, embora eu tenha descoberto rapidamente que elas não gostavam de mim porque eu tinha muitos amigos homens e agora estava aparentemente tomando o território delas ao ser namorada do Jack. Comecei a namorar o Jack mesmo assim.

Na verdade, pessoas confiantes se importam apenas com o que as pessoas certas têm a dizer sobre elas e recebem o que dizem com a sincera intenção de se aprimorarem.

No começo, eu me sentia mais segura no ensino médio com um namorado, porque eu já tinha compromisso. Eu me apaixonei perdidamente pelo Jack. Ele era um atleta incrível, tirava boas notas, era bonito e parecia um cara legal. Comecei a passar a maior parte do meu tempo com ele.

Em pouco tempo, fiz sexo com ele pela primeira vez, perdendo minha virgindade. Eu tinha quinze anos de idade. Aconteceu em um dia, quando meu pai não estava em casa. Senti uma pressão de que precisava agir como adulta e ser uma boa namorada— eu não sei bem por quê. Mas eu senti que precisava provar que podia ter um namorado mais velho. Meu coração não queria fazer isso, mas a imagem de falsa confiança que eu havia criado queria continuar, então fizemos sexo.

A primeira vez definitivamente não foi nada especial ou romântica— nada como eu imaginava que seria. Foi uma grande decepção, na verdade, mas depois pensei que poderia ser mais aceita. No entanto, como se sabe, a única razão pela qual as pessoas realmente se importavam era para poderem fofocar.

Aquele dia abriu uma nova caixa de complicações no meu relacionamento com Jack. Já tínhamos dado uns amassos antes de maneiras diferentes, e eu nunca me senti bem com isso, mas depois que fizemos sexo, tudo o que senti foi uma dor profunda. Eu fiquei decepcionada comigo mesma, embora eu não tenha reconhecido isso naquela época.

A partir daquele dia, ele definitivamente passou a esperar sexo sempre que quisesse. Ele queria fazer coisas que eu não queria fazer, e eu sentia como se outra parte de mim tivesse que ser escondida. Eu me sentia tão envergonhada. Lembro-me de ficar aterrorizada só de pensar que meus pais poderiam descobrir! As pessoas não pareciam gostar de mim; na verdade, com exceção dos meus amigos próximos, as garotas pareciam me odiar mais. De repente, os garotos começaram a fazer comentários desagradáveis que me deixavam muito desconfortável. Eu não esperava nada disso. Com certeza, isso não era nada parecido com o conto de fadas com o qual as garotas sonham quando encontram "a pessoa certa!"

Meu coração derreteu por Jack. Por quê? Talvez porque ele era o meu primeiro namorado de verdade e "meu primeiro amor do ensino médio." Talvez eu quisesse me sentir adulta e sonhasse em ter uma família como a minha mãe teve. Eu sempre presumi que, quando eu fosse "até o fim", eu teria que dar todo o meu coração, então eu não faria isso com qualquer um. Por algum motivo, essa era a única coisa íntegra que permaneceu comigo, de todas as igrejas para as quais minha mãe me levou quando criança e de todas as conversas que tive com meus avós enquanto crescia. Mas não era como se eu estivesse vivendo um estilo de vida íntegra. Eu estava sendo leal a ele, então esperava que ele retribuísse a lealdade. Não era assim que as coisas deveriam funcionar? Imaginei que, por ter dado a ele essa parte de mim, eu deveria esperar um relacionamento maduro em troca, com confiança e um futuro. Obviamente, eu estava errada sobre isso. Eu também era jovem demais para tomar decisões sobre coisas como, com quem me casaria— eu tinha apenas quinze anos de idade!

DESENTERRANDO

Rapidamente percebi que minhas expectativas eram absurdas. Não demorou muito para ele me trair. Fiquei devastada. Meu coração estava partido e, mais uma vez, eu me senti humilhada. Toda a raiva que eu havia enterrado da minha infância ressurgiu em mim. Eu não conseguia contê-la mais. Estava fervendo e transbordando.

Embora eu já tivesse bebido álcool e fumado maconha na época, depois que Jack me traiu, minhas festas com os meus amigos passaram para outro nível. Recorri ao álcool e às drogas como um mecanismo de defesa, para anestesiar minha dor. Fumar maconha logo deu lugar a analgésicos leves e outros comprimidos. Comecei a tomar OxyContin e êxtase e, finalmente, a cheirar cocaína. Experimentei todos os tipos de drogas, mas principalmente cocaína e êxtase. Quando não sentia que o barato era forte o suficiente, comecei a misturar grandes quantidades de álcool com drogas ou simplesmente usar mais e mais drogas— o que fosse necessário para fazer a dor passar.

Eu era alcoólatra antes dos dezesseis anos. No final do meu segundo ano, eu usava drogas de forma consistente. Todos os dias, eu colocava algum tipo de droga no meu corpo— qualquer coisa que eu tivesse à mão.

Eu ainda estava namorando com o Jack. Na verdade, eu já tinha voltado para ele muitas vezes porque não tinha forças para terminar completamente o relacionamento com ele. Para piorar a situação, ele me traiu não apenas com garotas que eu não conhecia, mas com algumas das minhas melhores amigas e até com uma das minhas primas. Eu estava tão destruída. Estava cheia de ódio. Eu não sabia em quem confiar. Eu já tinha sido humilhada tantas vezes, que transferi minha obsessão por ele para drogas e álcool.

Comecei a faltar muito à escola, mas mantive boas notas apesar disso, para que meus pais não descobrissem o que eu estava fazendo. Perdi muito peso— estava magérrima. Eu trabalhava em uma academia e tinha treino personalizado às 5 da manhã, cinco dias por semana. Depois da escola, eu ia treinar qualquer esporte que estivesse praticando na época. Na maioria das noites, eu corria de cinco a oito quilômetros. Eu tentava colocar minha raiva e adrenalina em tudo e qualquer coisa para evitar me concentrar na minha dor. Devido a todos aqueles exercícios, às drogas e ao álcool que eu usava todos os dias, meu apetite foi arruinado; eu pesava 48 quilos e tinha 1,72 de altura. Eu sempre fui muito musculosa e magra, mas cada grama de gordura e músculo tinha desaparecido naquele momento. Parei de menstruar e minha mãe começou a surtar com o meu peso. A pressão era quase insuportável. Eu achava que havia algo de errado comigo, já que meu namorado queria outras garotas. Eu não percebia que ele tinha seus próprios problemas e que seus erros não precisavam refletir quem eu era. Considerando o quão magra eu estava e a enorme quantidade de drogas e álcool que eu estava consumindo, eu estava colocando minha vida em risco.

No entanto, eu não me importava. A única maneira que eu conhecia de aliviar a pressão e a dor da enorme dose de insegurança que meu namorado tinha me dado (além de tudo o que já estava lá) era usar mais drogas— mais cocaína, comprimidos e álcool.

Na época, eu era amiga de muitos traficantes e de garotos ricos que podiam comprar quantas drogas quisessem. Sendo uma garota, eu nunca precisei me preocupar em ter dinheiro para drogas— elas me eram dadas. Meus amigos "cuidavam de mim." Eu cresci em uma cidadezinha classe alta construída ao redor de um lago, com muitos jovens cujos pais viajavam com frequência, deixando-lhes grandes quantias de dinheiro em cima da mesa para fazerem o que quisessem enquanto seus pais estivessem fora. E era exatamente isso que fazíamos— o que quer que quiséssemos.

Como resultado, me vi em alguns dos lugares mais assustadores e repugnantes que você pode imaginar. Nunca vou me esquecer a primeira vez que alguns amigos e eu entramos em uma Cracolândia onde íamos de vez em quando para comprar cocaína. Parecia uma cena de filme de terror! Sem eletricidade, água encanada ou aquecimento— e estávamos na região de Seattle, onde fazia frio! Aquela era a casa mais fria e escura em que eu já tinha estado. Pessoas estavam deitadas por todos os lados, completamente dopadas. Parecia que não havia cor dentro da casa, apenas uma cena em preto e branco. Lembro-me de dar uma olhada na casa com um dos meus amigos, só pelo impacto do choque. No banheiro do andar de cima, vimos agulhas quebradas, sangue e seringas por toda parte. A banheira estava cheia de pilhas e ácido. Eu estava apavorada, mas, apesar disso, descemos e cheiramos cocaína com uma das poucas pessoas que ainda estavam conscientes. Depois, como sempre, partíamos com nossa própria pedra de cocaína. Dirigíamos pela rua, estacionávamos e cheirávamos mais cocaína. Às vezes, comíamos cogumelos e tomávamos comprimidos enquanto bebíamos licor. Outras vezes, íamos procurar o hotel mais barato que pudéssemos, comprávamos todas as drogas que tínhamos dinheiro para comprar e fazíamos uma espécie de festa do pijama, misturando tudo a noite toda, tentando ficar o mais "chapados" possível.

Eu me sentia louca porque, com a minha necessidade de atenção, eu queria que alguém me impedisse de fazer tudo o que eu estava fazendo, mas essa necessidade também era o que me fazia piorar cada vez mais e mais.

Uma noite, lembro-me de mandar uma mensagem para o Jack me buscar porque eu sentia como se estivesse prestes a morrer. (Eu nunca saía com meu namorado e meus amigos viciados juntos. Eu tentava não misturar os dois.) A única coisa de que realmente me lembro era de estar deitada em uma banheira, completamente vestida, mas sem saber como cheguei lá. A ideia de me mover parecia impossível, como se eu estivesse paralisada. Lembro-me de tentar com tanta força me inclinar para pegar meu telefone e mandar uma mensagem para o Jack com o nome do hotel, para vir me buscar. Precisei de toda a minha força e concentração para mandar uma mensagem para ele. Se eu estava apenas viajando ou tendo uma overdose, não sei, mas mal conseguia me lembrar de nada na manhã seguinte. O Jack me disse que teve que me carregar escada abaixo para dentro do carro e me vigiar a noite toda para ter certeza de que eu estava bem. Não sei se ele sabia o quanto eu estava assustada ou o quanto eu tinha realmente feito, mas, olhando para trás, o que eu estava realmente fazendo era gritar por socorro. Foi bom tê-lo vindo me buscar e me ajudar. Por um momento, senti como se ele se importasse comigo. Por mais triste que pareça, eu queria sentir que ele me amava— que alguém me amava. Eu me sentia louca porque, com a minha necessidade de atenção, eu queria que alguém me impedisse de fazer tudo o que eu estava fazendo, mas essa necessidade também era o que me fazia piorar cada vez mais e mais. Eu não tinha limites, então essa situação e outras semelhantes não me pararam. Na verdade, elas nem sequer me desaceleraram.

ALGUÉM PODE ME OUVIR?

Eu era a garota na mesa com os rapazes nas primeiras horas da manhã, ainda tomando doses com eles depois que todas as minhas amigas estavam desmaiadas por horas. Algo devia estar me protegendo naquela época, porque a quantidade de drogas e álcool que eu consumia para o meu peso corporal deveria ter me matado. Considerando alguns dos lugares que frequentei, foi um milagre eu ter saído viva e ilesa. Eu sabia que havia algo me protegendo também em outros momentos.

Certa noite, eu estava na casa de uma amiga. Ela tinha uma irmã mais velha com amigos mais velhos. Estávamos todos bebendo e conversando por horas. Fiquei cansada e queria ir para a cama, então voltei para o quarto da minha amiga e subi na cama dela para me deitar. A próxima coisa que percebi foi que um dos caras mais velhos entrou, fechou a porta e a trancou. Quando ouvi a tranca, fiquei imediatamente apavorada. Eu sabia que algo estava errado. Ele veio até a cama, puxou as cobertas de cima de mim e deitou-se comigo. Ele tentou me beijar, mas virei a cabeça e o empurrei. Quando o empurrei, ele jogou seu peso sobre mim. Ele estava em cima de mim, tentando tirar minhas roupas, dizendo "Pssiu." Eu disse não várias e várias vezes e tentei segurar minhas roupas para que ele não as tirasse. Ele se esforçou cada vez mais e mais, mas eu continuei chutando-o e gritando pela minha amiga. Infelizmente, a casa em que eu estava era grande, então ela não podia me ouvir.

Ele tentou me beijar novamente, pensando que isso me relaxaria, mas eu empurrei sua cabeça para longe. Agarrei o cobertor e o puxei de volta sobre mim, empurrando-o com força e xingando-o para sair, na esperança de intimidá-lo. Ele começou a rir de mim de forma debochada e saiu. Senti um alívio instantâneo e depois comecei a chorar.

Minha amiga finalmente veio para a cama e eu contei a ela o que tinha acontecido. Ela parecia mais com ciúmes do que preocupada comigo, porque ela tinha gostado dele. Nenhuma amiga de verdade teria reagido daquela forma. Fiquei magoada com o que tinha acontecido, mas ainda mais magoada com o jeito dela. Nunca mais contei a ninguém sobre isso. Eu não queria que ela me culpasse por nada. Eu já tinha sido alvo de mentiras e fofocas antes, então eu não queria que isso vazasse e virasse contra mim. Eu temia o que Jack poderia pensar se soubesse sobre isso, então fiquei quieta.

O pesadelo me revisitou durante o meu penúltimo ano. Certa noite, eu estava em uma festa com um grupo diferente de amigos. Esses amigos eram "bons garotos." Eram ótimos atletas, tiravam ótimas notas e vinham de boas famílias. Estávamos apenas curtindo e comemorando a formatura do ensino médio dos nossos amigos mais velhos, mas bebendo um pouco também.

Um cara chamado Lee, namorado da minha amiga Alisha, (e um bom amigo do meu namorado, Jack), ficou absurdamente bêbado. (Jack não veio porque brigamos feio logo antes da festa.) Quando fomos todos dormir, Alisha dormiu em uma cama no andar de cima, mas eu dormi sozinha na cama do quarto principal.

Quando eu estava prestes a dormir, ouvi a porta se abrir. Era Lee. Ele entrou, pulou na cama comigo e começou a confessar os sentimentos que supostamente tinha por mim há anos. Ele implorou para que eu ficasse com ele. Ele deve ter pensado que sua confissão de amor bêbado e seu mau hálito me fariam ficar encantada. Tudo o que eu conseguia pensar era em como escapar. Ele se inclinou para um beijo, mas eu me virei e disse não. Minha recusa o deixou furioso, e ele se jogou em mim, tentando tirar minhas roupas e tentando me beijar por toda parte. Continuei chutando e empurrando-o para longe de mim, tentando lembrá-lo de que ele estava bêbado e não estava em seu juízo perfeito, mas ele não parava de insistir. Então, tentei lembrá-lo de Alisha lá em cima e de qualquer outra coisa que eu pudesse dizer para fazê-lo parar. Finalmente, ele parou, começou a chorar e pediu desculpas. Comecei a me sentir mal por ele, então disse que sabia que ele não era assim e que ele estava apenas bêbado e precisava subir para dormir. Em vez disso, ele pulou de volta em cima de mim, mais uma vez tentando tirar minhas roupas! Era como duas pessoas diferentes dentro do mesmo corpo. Finalmente comecei a gritar, o que o assustou, então ele correu para a porta. Ele voltou por um momento e implorou para que eu não dissesse nada a ninguém. Então, ele saiu correndo.

Eu estava assustada, mas também extremamente irritada. Liguei para o Jack vir me buscar. Ele me pegou e eu comecei a chorar. Eu queria que ele me fizesse sentir melhor e consertasse o que tinha acontecido, mas ele só parecia estar bravo porque o amigo dele tinha tentado algo com a namorada— uma questão de orgulho/ego inflado. Eu queria que ele se preocupasse comigo e se importasse com o que eu tinha acabado de passar, mas não tive essa impressão. Ficamos em silêncio o caminho todo para casa. Eu me perguntei se ele estava achando que a culpa era minha. Então, torci para que ninguém descobrisse, de novo.

ARREPENDIMENTOS PROFUNDOS

Quando eu estava no primeiro ano do ensino médio, eu já estava tão imersa quanto podia estar. Eu ia para baladas bêbada e chapada todo final de semana e regularmente voltava para casa com pessoas que tinha acabado de conhecer. Teria sido tão fácil para qualquer estranho se aproveitar de mim. Tudo o que tinha acontecido comigo, em vez de causar medo ou timidez em mim, só criou mais imprudência. Eu pensei: "Eu sobrevivi a tudo isso; eu consigo superar qualquer coisa. Eu sou invencível!"

Uma noite, os meus olhos se abriram para o quão imersa eu realmente estava. Minha melhor amiga, Danielle, e eu tínhamos ido a uma festa no meio do nada. Muitos dos nossos amigos próximos estavam lá, mas também havia muitas pessoas que não conhecíamos, e o dono da casa era mais velho. Ele tinha vários amigos mais velhos lá, incluindo vários drogados e traficantes. Metade dos caras eram completos caipiras— caipiras loucos e sem noção, aliás— e a outra metade eram traficantes com segundas intenções. Era estranho como todos se reuniam num só lugar, mas é isso que as drogas fazem.

Estávamos todos bebendo e dançando, achando que estávamos nos divertindo. Então, um dos caras mais velhos deu em cima de mim. Respondi com um comentário espertinho do tipo: "Por favorrrr— você bem que queria!", acompanhado de um revirar de olhos sarcástico. Ele se virou rapidamente, me agarrou pelo pescoço, me jogou contra a parede até meus pés ficarem fora do chão (com os dedos balançando) e gritou ameaças para mim. Um dos meus amigos bonzinhos, Jared, se aproximou e deu um soco no rosto dele, fazendo com que ele me soltasse. Caí no chão, segurando minha garganta, tentando recuperar o fôlego. Olhei para cima e vi os dois brigando— sangue espirrando dos rostos deles por todos os lados. Gritei para os outros pararem a briga enquanto observava meu amigo me defendendo. Depois que Jared deu o último golpe alguns caras separaram a briga. Eu não tinha ideia de com quem ou com o que estava lidando naquela noite. A maioria das pessoas teria ido embora naquele momento— mas isso foi só o começo.

Fiquei perto de Jared a noite toda, especialmente porque muitas das minhas amigas tinham desmaiado ou ido para casa. Era muito tarde e eu estava muito bêbada. Depois de horas de bebedeira com os rapazes, percebi que não via Danielle há algum tempo, então fui procurá-la. Andei por aí perguntando a todos que ainda estavam acordados se a tinham visto. Ninguém disse que a tinha visto.

Procurei por todo o andar térreo da casa e por toda a área externa. Ela não estava em lugar nenhum. Tentei ligar para o celular dela, pensando que talvez ela tivesse ido para casa com outra pessoa e deixado o carro porque tinha bebido demais. (Infelizmente, todos nós dirigíamos mesmo quando estávamos chapados ou bêbados. A única maneira de não conseguirmos sentar ao volante era se fosse impossível para nós.) Ela não atendeu o telefone.

Havia um último lugar para eu verificar: o andar de cima da casa, que eles haviam fechado para que ninguém subisse para os quartos. Caminhei até a porta do primeiro quarto e, de repente, três caras saíram correndo do quarto quando eu a abri. Quando eles passaram por mim e desceram as escadas correndo, percebi que os três a tinham estuprado. Lá estava Danielle, deitada na cama, desmaiada, com a calça jeans arriada nos tornozelos e sangue por todo o lençol e pernas. Tudo parou por um momento enquanto eu a olhava em choque e tristeza. Acordei-a e ela me disse que precisava vomitar, então a carreguei para o banheiro, onde ela vomitou repetidamente. Então, ela se sentou no vaso sanitário para fazer xixi e percebeu que estava com muita dor. Com lágrimas escorrendo pelo rosto, disse que doía demais. Perguntei o que aconteceu e ela me disse que tinha beijado um dos caras e, quando se deu conta, ele estava em cima dela e chamando os amigos. Ela era virgem antes disso e tinha dezesseis anos de idade, (um ano a menos que eu). Enquanto a ajudava a se vestir, senti um nó no estômago de vergonha por não ter cuidado melhor dela.

Eu estava sem acreditar e me senti sobrecarregada pelo que minha amiga tinha acabado de passar. Chamei Jared para me ajudar a carregá-la escada abaixo e até o carro. Doía muito para ela andar sozinha. Não contamos a Jared o que tinha acontecido porque ela não queria que ninguém soubesse. Tive que levá-la ao médico no dia seguinte. Foi um momento horrível e agora uma lembrança horrível. Aquela noite a mudou. Mudou a mim também.

Nunca contamos a ninguém. Por quê? Eu não sei. Eu realmente não tenho resposta para o porquê de nunca termos contado a ninguém ou por que os médicos não fizeram nada para encorajar Danielle a contar a alguém. Talvez tenham feito, e nós simplesmente não ouvimos devido ao terror da situação. Eu realmente não sei. Era como se estivéssemos em transe e simplesmente lidássemos com qualquer golpe que viesse em nosso caminho. Antes de ser estuprada, Danielle nunca tinha feito sexo ou usado drogas pesadas. Depois que tudo aconteceu, ela se transformou em uma pessoa diferente— uma jovem

sem padrões ou autoconfiança. Ela fazia sexo com qualquer pessoa e usava qualquer tipo de droga. Ela se perdeu. Ela não se importava com mais nada. Passou de alguém sob minha má influência para alguém ainda mais impulsiva e inconsequente, mais do que eu.

Aquela foi uma noite que jamais esquecerei— uma noite que eu gostaria de poder voltar atrás e refazer. Até hoje, Danielle é viciada em OxyContin e, mais tarde, namorou e teve um filho com um dos caras que a estupraram naquela noite. Sempre me senti culpada por não tê-la mantido comigo e a protegido. Ela era como minha irmã mais nova, e eu sentia que a havia falhado com ela.

Esta foi a primeira vez em muito tempo que comecei a entender o real sentido do certo e errado. Não percebi que minha convicção havia me abandonado, mas naquela noite, senti a dor daquele vazio. Tínhamos feito tudo. Roubávamos coisas em todos os lugares que íamos. Comíamos em restaurantes e saíamos sem pagar a conta. Enchíamos nossos tanques de gasolina e íamos embora, roubávamos comida, cerveja e muito mais. Tudo o que conseguíamos, pegávamos! Eu até a ensinei a dirigir em câmbio manual no meu carro enquanto fumava maconha! Nunca me senti culpada de verdade, mas naquela noite em que Danielle foi estuprada, eu me senti.

SOCORRO!

Nessa época, tentei suicídio duas vezes— uma na casa da minha mãe e outra na casa do meu pai. Em cada uma delas, eu esvaziava os armários dos meus pais e engoli frascos de comprimidos. Ficava sentada lá esperando com medo de ver o que aconteceria comigo.

Esqueci o que desencadeou essas tentativas, mas sei que, no geral, eu estava infeliz com a minha vida sem saber por que ou como mudá-la. Eu me odiava. Se ao menos eu pudesse ser qualquer outra pessoa! Eu me sentia feia, embora os outros dissessem que eu era linda. Eu me sentia gorda, apesar de todos dizerem que eu era muito magra. Eu me sentia indesejada, embora meus pais brigassem por mim. Eu sentia raiva, mas fingia estar cheia de alegria. Eu me sentia deprimida mesmo quando eu era a comediante. Eu estava cheia de ódio, embora fosse amiga de todos. No final das contas, eu me sentia uma fracassada. Eu era? O que eu estava tentando realizar ou ser? Que pressão extrema eu colocava em mim mesma e sentia que não conseguia corresponder? Não fazia sentido, mas a pressão estava lá, e eu queria acabar com ela. Lembro-me de chorar histericamente nas duas vezes, e nas duas vezes vomitei excessivamente. Lembro-me de vomitar violentamente por horas a cada vez, tentando chorar entre cada vontade. Meu corpo simplesmente vomitava tudo— sem ligar para emergência, sem desmaios e ninguém sabia de nenhuma das tentativas. De alguma forma, eu ainda estava viva. Algo me protegia. Eu continuava com a vida que odiava, mas estava convencida de que estava vivendo uma vida de liberdade.

Durante tudo isso, trabalhei em uma academia local. Eu conhecia meu chefe, Mark, há anos antes de trabalhar para ele. Ele foi instrutor de kickboxing para mim e para minha mãe por alguns anos, antes de decidir abrir sua própria academia. Comecei a trabalhar para ele desde o início, até mesmo ajudando-o a abri-la.

Logo cedo na academia, minha mãe me mostrou um cara bonito que estava malhando lá. Ele usava uma bandana na cabeça, uma regata branca e um short de basquete branco. Eu disse à minha mãe para parar com isso, porque ela sabia que eu ainda estava namorando Jack. Ela não se importava; minha família inteira o odiava por tudo o que ele me fez passar. Ignorei os esforços dela para me juntar com outra pessoa.

Logo depois, Mark começou a ficar estranho comigo, me trazendo pequenos presentes e coisas no trabalho, se oferecendo para fazer sessões de personal trainer comigo o tempo todo e me convidando para sair. Eu realmente não pensava nada sobre isso porque, para mim, ele era velho. (Eu tinha dezessete anos, e ele estava na casa dos trinta e poucos anos.) Eu simplesmente achei ótimo ter a simpatia do meu chefe e ele poder confiar em mim trabalhando para ele. Como eu era ingênua!

Uma noite, concordei em ir a um jogo de beisebol dos Mariners com ele e dois colegas de trabalho. Quando entramos no estacionamento do ginásio, uma limusine estava estacionada lá. O amigo do Mark, Lance, e uma garota chamada Julie também estavam lá. Foi um pouco estranho porque parecia um encontro duplo arranjado, e os dois rapazes estavam na casa dos trinta anos de idade, e nós duas, adolescentes. Eu aceitei porque estava animada com o jogo de beisebol.

Eu continuava com a vida que odiava, mas estava convencida de que estava vivendo uma vida de liberdade.

Quando entrei na limusine, havia bebidas e cerveja, então começamos a beber no caminho para Seattle. Quando chegamos ao estádio, antes de irmos para os nossos lugares, Mark mandou Lance comprar mais bebidas para nós. Durante o jogo, assim que terminávamos nossas bebidas, Lance corria para pegar mais. Antes da pausa tradicional da sétima entrada, Mark já estava bêbado e tentou me abraçar. Eu me senti super desconfortável, então fiz de tudo para que educadamente ele percebesse que eu não estava bem com esse tipo de relacionamento. Eu me levantava, ia ao banheiro ou me reposicionava, mas ele continuava tentando. Percebi que Lance e Julie estavam conversando baixinho e flertando um pouco, então comecei a me sentir cada vez mais deslocada. Decidi que já tinha bebido o suficiente e não beberia mais.

O jogo terminou e voltamos para a limusine e fomos para casa. Apenas cinco minutos depois de nossa viagem de volta, ele mandou o motorista parar em um posto de gasolina. Ele saiu com um engradado de seis cervejas! Nenhum de nós precisava de mais! Ele entregou cervejas para Julie e para mim e nos mandou beber. Imediatamente senti que ele estava armando uma enrascada. Eu disse: "Não, obrigada", mas ele insistiu. Dei um gole e ele me observou o caminho todo para casa, perguntando sem parar se eu já tinha terminado e se estava pronta para outra.

"Eu parei de beber", repeti. Eu podia sentir que estava ficando com raiva.

Esse cara não entendia que, se eu me sentisse encurralada, eu iria revidar. Nunca gostei de ser forçada a nada, e esta noite não foi diferente! Se eu fosse tomar uma decisão ruim, seria minha e a culpa seria minha! Mas eu não estava disposta a ser forçada a ser a namorada dele por uma noite.

Quando chegamos de volta à academia, ele disse que precisava fechar lá dentro. Então, todos entramos, e Lance e Julie se afastaram para conversar.

"Heather, você pode me ajudar a fechar lá dentro, por favor?", Mark perguntou. Relutante, eu o segui para dentro.

Ele havia construído uma pequena suíte na academia para passar as noites lá, quando precisasse.

"Você pode limpar meu quarto aqui enquanto eu fecho o resto da academia?", perguntou ele.

"Claro", eu disse, embora hesitante.

Vinte minutos se passaram e eu terminei a limpeza. Esperei na porta do quarto até que ele terminasse. Todas as outras luzes estavam apagadas na enorme academia. Estava escuro como breu e eu não conseguia ver nada, mas estava definitivamente pronta para ir embora. Ele finalmente voltou. Enquanto eu pegava minha bolsa e casaco para sair, ele fechou a porta atrás de si e diminuiu as luzes. Todas as lembranças ruins de quase um ano atrás me vieram à mente! Eu me senti tão tola por estar na mesma posição novamente.

"Preciso ir para casa, Mark", eu disse severamente.

"Lance e Julie já foram embora, e estou bêbado demais para dirigir, então preciso descansar um pouco primeiro e depois te levo para casa", ele respondeu.

Eu me senti presa. Eu nunca tinha tido medo de dirigir bêbada antes, e esta noite definitivamente não tinha! Eu estava com mais medo de ficar presa no quarto dos fundos dele, com ele, sem ninguém mais lá para me ouvir ou me ajudar. Ele se deitou na pequena cama em que eu estava sentada. Levantei-me rapidamente e ele me disse que eu não tinha com o que me preocupar que ele iria apenas descansar e eu poderia ligar a TV e assistir o que quisesse.

Sentei-me novamente e liguei a TV. Fiquei feliz por ela estar ligada, pois trazia mais luz para o quarto. Enquanto estava sentada ali assistindo a um filme, pensei em ligar para alguém vir me buscar. Mas eram duas da manhã e, honestamente, eu estava envergonhada de estar lá e não queria que ninguém pensasse em nada, então não liguei. Presumindo que ele estivesse dormindo, irei deixá-lo ficar assim por uma hora e depois acordá-lo para me levar para casa. Me senti tão manipulada— ele era meu chefe!

Do nada, ele colocou a cabeça no meu colo! "Ah, não!", pensei. "O que eu faço agora? Ele está desmaiado no meu colo e é meu chefe. Empurro a cabeça dele para longe de mim e sou demitida? Espero que ele não tente mais nada e, amanhã no trabalho, finja que isso nunca aconteceu para que as coisas não fiquem estranhas?"

Enquanto meus pensamentos corriam pela minha cabeça, ele passou o braço em volta de mim e me empurrou de volta para a cama! Ele subiu em mim e começou a beijar meu pescoço e a tentar tirar minhas roupas. Mais uma vez, senti o medo tomar conta de mim, junto com a traição— era um homem adulto, meu chefe, fazendo isso. Repetidamente, eu continuava dizendo não a ele, mas ele não parava. Ele continuava me dizendo para relaxar e que ele havia imaginado aquele momento por tanto tempo. Eu estava enojada e queria fugir daquele quarto e daquela cidade horrível. Continuei puxando minhas roupas e tentando me afastar dele. Sua paixão embriagada havia se manifestado, e ele estava se esforçando ao máximo para me forçar a fazer o que ele queria.

No momento em que eu mais esperava, desesperadamente que algo ou alguém me salvasse da situação em que eu estava, a porta se abriu e eu vi uma cabeça espiando. Era Lance! Ele ainda estava lá! Mark tinha mentido para mim. Acenei com uma das mãos para Lance, mas estava escuro na sala, e meu chefe ainda estava em cima de mim! Acho que ele não me viu, porque fechou a porta rapidamente. Lembro-me de Lance com uma expressão de desgosto, que eu senti que era direcionada a Mark. Talvez eu não fosse a primeira garota com quem ele tentou isso— nem a última que ele tentaria— e embora Lance soubesse, ele simplesmente não queria se envolver.

"Lance, entre!", gritei rapidamente. Então disse a Mark: "Lance acabou de abrir a porta."

Mark parou abruptamente e correu furioso para a porta. Percebendo a minha oportunidade de fuga, levantei-me rapidamente, arrumei minhas roupas e corri para fora da suíte, chegando antes dele na porta de saída da academia. Corri direto para Lance e disse: "Estou pronta para ir para casa, agora mesmo!"

Mark interrompeu: "Me sinto melhor agora; posso te levar."

Olhei para Lance com olhos suplicantes, mas acho que ele se sentiu tão constrangido e decepcionado que não sabia como me ajudar ou como enfrentar Mark. Com sérias reservas, entrei no carro do meu chefe. Disse a ele que precisava ir direto para casa e que estava mandando uma mensagem para o meu pai avisando que estava a caminho porque ele estava preocupado comigo. Ele sabia que tinha acabado.

Não dissemos uma palavra durante todo o caminho até minha casa, que pareceu uma eternidade. Quando finalmente chegamos, ele disse: "Te vejo no trabalho amanhã?"

Olhei para ele, confusa, pois havia um tom estranho em sua voz, mas respondi: "Sim, claro."

Ao entrar em casa, percebi que ele estava me dando a dica para agir como se nada tivesse acontecido naquela noite. Fiquei em silêncio por um tempo, mas comecei a ouvir histórias semelhantes sobre isso acontecendo com outras garotas, e estava ficando óbvio para todos na academia que ele tinha problemas! Eu me perguntava se era tão óbvio para todos que a minha vida também estava fora de controle.

> **Observação:** Se você já foi estuprada ou molestada, ou alguém tentou fazer isso com você, *conte para alguém!* Conte às autoridades! Não hesite por nenhuma razão!

Aqueles que tentam fazer isso com os outros sempre têm uma ótima maneira de manipular suas vítimas ou possíveis vítimas, fazendo-as sentir, por algum motivo, que não devem contar. Não importa o que aconteça, você não merecia o que aquela pessoa tentou ou fez com você. A única coisa pior do que essa pessoa fez ou tentou fazer com você é ela continuar fazendo a mesma coisa com os outros.

Não importa se a pessoa é um pai, um treinador, um pastor, um vizinho, um namorado— seja lá quem for— *você precisa contar a alguém!* Conte a alguém que irá ouvir e te ajudar no processo de cura. E denuncie à polícia. No começo talvez você não sinta força porque esta sofrendo, mas há uma pressão sombria sobre quem sofreu o abuso para que fique em silêncio e não diga nada. Isso faz com que você sinta como se sua voz não importasse e o que aconteceu com você não importasse. Você pode sentir a pressão de: "O que os outros vão pensar? Eles vão pensar que tudo isso é minha culpa? E se eles me atacarem de volta?" Mas eu quero que você saiba que você vale a pena! Você merece justiça! Você merece que a sua voz seja ouvida! E vale a pena defender a vida dos outros! Não deixe que a justiça pervertida fale mais alto no seu ouvido do que fazer o que é certo! Então, levante a voz e fale!

SE APROXIMANDO

Meus pais não conseguiam mais ignorar as mudanças em mim. Eles estavam começando a juntar as peças. Eu estava perdendo ainda mais peso, briguei na escola com uma garota, nunca compareci a nenhum evento familiar e havia perdido grande parte do meu entusiasmo por esportes e pelos estudos. Na verdade, eu sabia que estava começando a ter uma reputação na escola porque ouvia os sussurros de outros pais por meio de seus filhos sobre não poderem andar comigo. Quando essas conversas chegaram à mim, isso realmente me machucou muito porque eles notaram que eu não estava indo bem, mas ninguém me procurou para ajudar. Decidi que, se esse era o ponto de vista deles sobre mim, eu poderia pelo menos aceitar a minha nova reputação— uma escolha horrível.

Durante o penúltimo ano do ensino médio, eu me esforcei tanto para agradar a técnica de vôlei do time titular, jogando em times de clubes enquanto praticava outros esportes e tentava manter minhas notas altas. Era a semana de testes para o vôlei do time titular, e eu vim preparada com tudo o que havia aprendido.

Lembro-me dos meus colegas de equipe torcendo por mim enquanto eu saltava e batia a bola com força por cima da rede. Era óbvio que eu tinha melhorado as minhas habilidades jogando no time do clube.

Ouvi a assistente técnica dizer: "Uau, que belo ataque, Heather! Continue assim, garota!"

Eu me lembro de que essas palavras me trouxeram tanta *vida*. Eu não me sentia encorajada há algum tempo, e as palavras das minhas colegas estavam me fortalecendo e renovando a alegria em mim— pelo menos por enquanto.

Após os testes, a treinadora principal anunciou quem entraria para o time titular na frente de todos e, quando seus nomes foram chamados, elas foram solicitadas a correr para o outro lado do ginásio para iniciar imediatamente os treinos. Nome após nome foi chamado. Esperei pacientemente para ouvir meu nome— e então ela terminou, sem me chamar. Ela rapidamente nos disse, como time JV, para continuarmos trabalhando duro e talvez no ano que vem conseguiríamos entrar para o time titular. Ela então nos deu as costas e foi para o outro lado do ginásio.

Minhas amigas do time titular olharam para mim com decepção estampada em seus rostos por eu não ter conseguido. Mas seus rostos não se comparavam à devastação que eu sentia por dentro. Eu tinha trabalhado tanto para isso, treinadora! Perguntei a ela no ano anterior o que era preciso para eu crescer e jogar no time dela, e fiz tudo o que ela pediu! Eu sabia que estava pronta para o time titular, e meu crescimento provou isso! Senti meu sangue ferver dentro de mim enquanto tentava treinar com o time JV. Eu me senti injustiça-da, e algumas lágrimas rolaram pelo meu rosto. Rapidamente as enxuguei com orgulho e, de repente, decidi que não choraria por aquela mulher. Eu estava farta.

Corri até ela e a confrontei. "Eu não entendo como eu não conse-gui entrar para o time com tudo o que eu fiz, tudo o que você pediu, o quanto eu cresci. Eu mereço estar neste time!"

Ela não tinha nenhuma empatia no rosto. Na verdade, ela me ol-hou com desgosto e me puxou para o canto. Ela tentou me dizer que eu não era boa o suficiente, mas eu sabia que não era verdade, então continuei a desafiando até que ela deixou escapar algo— que a minha vida provava que eu não era disciplinada para jogar no time titular.

Eu sabia o que ela queria dizer— ela tinha ouvido todas as con-versas que os pais estavam tendo sobre mim. Algumas eram ver-dadeiras, em sua defesa, mas nesse momento, eu estava em uma encruzilhada. Esportes significavam muito para mim. A maioria dos meus "bons amigos" praticava esportes, então eu estava cerca-da por pais e amigos que não usavam drogas, e eu tinha muito do meu tempo livre ocupado por treinos e jogos. Este foi um momento crítico para mim que me empurrou na direção errada!

Eu gritei: "Desisto!" enquanto saía furiosa do ginásio e batia a porta grande e pesada, fazendo uma cena.

A rejeição foi muito dolorosa. Agora, não apenas meus pais es-tavam me vendo dessa forma, mas também os meus treinadores e alguns professores. Pouco tempo depois, briguei na escola com uma aluna do último ano que estava me provocando. O pai dela era juiz, e isso fazia com que ela agisse como se pudesse fazer o que quisesse, sem consequências. Naquele dia específico, ela continuou andando atrás de mim, sussurrando coisas odiosas para mim. Eu já estava farta e a avisei para se afastar de mim. Ela continuou insistin-do nos intervalos e, finalmente, ela me irritou até o último limite. Eu a empurrei para longe de mim e, no momento em que a empur-rei, ela veio para cima de mim. Antes que eu percebesse, estávamos em uma briga feia, com vários alunos ao nosso redor gritando por quem estavam torcendo. Agarrei a cabeça dela e a bati no meu joelho. Mal sabia ela que eu passei anos praticando kickboxing. De repente, duas amigas dela pularam nas minhas costas para me segurar para que ela pudesse me atacar. Mas enquanto elas me colocavam no chão com os braços atrás das costas, uma garota veio em minha direção e eu a chutei com toda a força que pude. Ela voou contra a parede de concreto e caiu no chão. Virei-me para as garotas atrás de mim e comecei a me balançar. Nesse momento, uma professora me agarrou, e outra professora agarrou a garota que estava me provocando enquanto suas duas amigas saíam correndo. Lembro-me de olhar para cima e ver meu namorado inútil parado no meio da multidão, gritando. Não houve um momento em que ele teve coragem de me defender. Nós duas fomos suspensas por três dias.

Mesmo que o meu pai tenha me elogiado por vencer a luta, eu sentia a pressão de tudo e de todos ao meu redor.

Tenho certeza de que muitas crianças tiveram suas próprias lutas e coisas difíceis para lidar, mas eu sentia como se eu fosse um alvo. A pressão desse alvo sobre mim me fez buscar coisas que eu achava que aliviariam essa pressão, mas eram todas as coisas erradas. Todas as coisas erradas atraíram mais atenção negativa para mim.

Eu podia sentir meus pais cercando a mim e o que estava acontecendo na minha vida particular, mas eu não estava pronta para ceder. Mesmo insatisfeita com as consequências das minhas escolhas, eu me recusava a ser controlada. Depois de sair do time de vôlei de forma dramática, deixar minha técnica e time e ser suspensa por três dias por brigar, minha mãe recebeu uma ligação da secretaria da escola a respeito de mim.

"Por que a Heather está faltando tanto à escola?"

Minha mãe não sabia do que eles estavam falando porque eu estava matando muitas aulas e tinha a assinatura dela perfeitamente anotada! Contaram à minha mãe sobre a gaveta cheia de bilhetes que tinham, assinados por ela, me dispensando de muitos dias de aula. Minha mãe disse que estava à caminho e que não havia a mínima chance de ela ter escrito todos aqueles bilhetes.

Eu fui chamada à secretaria. Quando cheguei lá, fiquei surpresa ao ver a minha mãe sentada lá com a secretária. Minha mãe tinha uma expressão de ódio no rosto. Elas me confrontaram, e eu, claro, não gostei muito disso, então olhei para minha mãe e para a secretária e disse: "Vão se f—!" Então saí batendo a porta da sala atrás de mim.

Eu não conseguia mais manter a minha falsa persona, então meu último descontrole, estava a caminho. Afinal de contas, todo mundo já conhecia o meu "verdadeiro eu", então por que tentar escondê-lo?

No verão anterior ao meu último ano, fui em um fim de semana para o leste de Washington, uma área de férias, para o Summer Jam. Três amigos e eu tínhamos planos de acampar com um monte de gente, ir aos shows e ficar bêbados. No entanto, depois de três horas de uma viagem de quatro horas, meu carro começou a dar problema. Meu ar-condicionado parou de funcionar e não estava saindo ar gelado.

Estava pelo menos 38 graus lá fora, então eu abri o teto solar, esperando uma brisa, mas estávamos assando no meu pequeno e velho carrinho preto! Logo, decidimos tirar a roupa e ficar de maiô. Estávamos animados demais com o fim de semana para nos importar, então seguimos dirigindo, rindo e cantando a canção do Sisqó.

Depois de vários minutos, notamos fumaça saindo debaixo do capô do meu carro! Um motorista de caminhão começou a acenar para que parássemos, e nós paramos. Fiquei muito incomodada com o motorista por causa de todas as histórias de terror que minha avó tinha me contado, mas eu não tinha escolha. Meu carro estava prestes a explodir, eu não tinha ideia de como consertá-lo, e estávamos no meio do nada!

O motorista abriu o capô e vimos que meu motor estava realmente pegando fogo! Poderíamos ter morrido se tivéssemos aberto o capô! Ele apagou o fogo com o extintor da caminhonete dele, encheu meu carro com todos os fluidos necessários e depois consertou algumas outras coisas. Eu estava convencida de que o motorista era um enviado de Deus. Ele disse que achava que ficaríamos bem se dirigíssemos no acostamento a uma velocidade máxima de 32 quilômetros por hora. Ele nos disse que, depois que eu desligasse o carro, não conseguiria ligá-lo novamente, ou ele poderia explodir. Levamos cerca de três horas para percorrer 96 quilômetros! Ele nos seguiu o caminho todo para garantir que chegássemos bem.

Nós estávamos muito felizes quando chegamos ao acampamento. Finalmente poderíamos festejar o fim de semana todo e nos divertir! Muitos dos nossos amigos já estavam lá e riram de nós quando chegamos— fumaça saindo do meu capô novamente. Durante toda a noite, mais e mais pessoas chegaram ao acampamento— pessoas que eu não conhecia, mas que conheciam pessoas que nós conhecíamos, então presumi que estava segura com elas. Estávamos um pouco desconfiados de um grupo de homens com cara de loucos que apareceu em um trailer grande. Então percebi que tinha saído para uma balada com Ariel, a namorada do dono do trailer. Embora ela não estivesse com eles, a conexão me deixou à vontade. Então, festejamos muito o fim de semana todo, bebendo e misturando drogas.

Quando chegou a manhã de segunda-feira, tivemos que descobrir como voltar para casa, já que meu carro não funcionava. Minha amiga Jenn e eu tínhamos que voltar para o trabalho, mas nossos outros amigos planejaram ficar a semana toda, então estávamos com dificuldade para encontrar uma carona de volta.

O dono do acampamento disse que eu não poderia deixar o meu carro lá, mas eu não tinha dinheiro para um guincho e certamente não ligaria para os meus pais! Por mais absurdo que pareça, mesmo com o caminhoneiro me avisando para não tentar ligar o carro de novo porque ele poderia explodir, eu tentei ligar o carro de novo— e funcionou! Mas então o motor pegou fogo de novo. Meus amigos correram rapidamente e apagaram o fogo. Eu estava tão grata por não ter explodido!

Nesse momento, um dos caras do trailer com quem havíamos festejado o fim de semana inteiro se apresentou e disse que tinha dirigido o caminhão sozinho e que levaria meu carro até um posto de gasolina e depois nos levaria para casa. Jenn pulou de alegria, mas eu estava honestamente um pouco nervosa. Eu não sabia por quê.

Afinal, eu já tinha feito coisas muito mais loucas. Eu simplesmente não me sentia bem com o cara. Fomos com ele mesmo assim.

> **Observação:** Muitas pessoas falam sobre ouvir a consciência, mas isso se chama, na verdade, discernimento. O Dicionário.com define discernimento como "clareza no julgamento e compreensão." Muitas vezes na vida, temos fortes sentimentos sobre uma pessoa ou situação do nada. Isso é, muitas vezes, discernimento. Estamos discernindo uma situação para a qual não temos respostas ou fatos, mas somos movidos por um forte sentimento de escolher um determinado caminho. Muitas vezes, por encará-lo como um sentimento, ignoramos isso, não ouvindo o nosso discernimento. Alguns dos maiores erros que cometi na vida foram por não ouvir o meu discernimento. Isso é um dom. Devemos usar esse dom! Eu te encorajo, quando você tiver um forte sentimento de tomar uma decisão que parece estranha no momento, mas parece que é a decisão certa, escute isso!

Contei à Jenn como me sentia, mas ela me garantiu que tudo ficaria bem. O acordo que fiz com ela para ir foi que eu ficaria no assento perto da porta e ela teria que sentar no meio, ao lado dele. (Era uma caminhonete de três passageiros.) Eu fiquei em silêncio ou dormindo a viagem toda de volta.

Quando acordei, estávamos perto de Seattle, mas notei que ele tinha virado para uma direção diferente de onde eu disse que morávamos. Acordei Jenn e contei a ela o que estava acontecendo, e ela disse a ele: "Precisamos ir para o outro lado. Moramos na outra direção", apontando para trás.

"Preciso passar na minha casa primeiro", disse ele.

Falei rapidamente. "Não temos tempo para isso. Temos que ir para o trabalho. Por favor, nos leve direto para casa."

"Será rápido, e depois eu te levo para casa", ele insistiu.

Eu tinha um péssimo pressentimento. O medo me tomou. Eu

me perguntava como eu sempre conseguia me meter em situações tão terríveis. Pensei em como teria sido muito melhor para nós se tivéssemos simplesmente escolhido não ir trabalhar naquele dia e ficar com nossos amigos. Pelo menos não teríamos corrido o risco, como agora, de acabar mortas!

Entramos no condomínio do apartamento dele, e ele saiu e nos convidou para entrar. Recusei com um "Não, obrigada", e disse que meu chefe estava me esperando em breve. Ele olhou para Jenn e perguntou se ela entraria com ele. Eu a cutuquei para que ela dissesse: de jeito nenhum! Sorrindo docemente, ela gentilmente respondeu que esperaria pacientemente lá fora. Ele bateu a porta e entrou por cinco minutos. Eu disse à Jenn como eu estava nervosa e que me sentia muito mal com isso. Pensamos se deveríamos pular do carro dele, mas ela me garantiu mais uma vez que, se ele nos levasse para casa, chegaríamos ao trabalho a tempo. Eu a ouvi.

Ele voltou e entrou no carro sem dizer uma palavra. Fingi estar ao telefone com meu chefe, dizendo que estava a caminho do trabalho depois de pegar uma carona com um cara legal. (Eu disse isso, na esperança de manipulá-lo.) Ele me deixou primeiro, e eu disse à Jenn para me ligar assim que chegasse em casa. Ela ligou logo depois, e eu respirei fundo. Eu me perguntava de onde vinham todos os sentimentos terríveis que me dominaram naquela viagem, mas não conseguia identificar. Depois de alguns dias, esqueci completamente aquele cara e a viagem para casa.

Cerca de um mês depois, recebi uma ligação assustadora de um amigo me dizendo para assistir ao noticiário. Uma foto da linda Ariel, a namorada do dono do acampamento estava na tela da TV.

Alguém havia sequestrado Ariel, torturado-a por dias e a assassinado brutalmente nas montanhas com um tiro na cabeça. Em seguida, vi uma foto do namorado dela e de dois amigos que as autoridades estavam procurando— incluindo o cara que levou Jenn e eu para casa! O apresentador do noticiário relatou que os três a estupraram e torturaram por dias na garagem do namorado antes de levá-la para as montanhas e matá-la. Eu não consegui acreditar. Senti arrepios por todo o corpo! Eu não consegui acreditar que

Ariel estava morta e tinha perdido a vida de uma forma tão horrível. Entrei em pânico ao perceber o quão perto Jenn e eu estivemos de que aquilo acontecesse conosco. Estávamos na caminhonete dele, com ele, por horas!

O apresentador continuou dizendo que os homens estavam planejando o que fariam com Ariel há quase um ano. Eles também tinham uma longa lista de outras pessoas que planejavam assassinar depois dela. Novamente, aquela sensação de que algo estava me protegendo e zelando por mim tomou conta de mim. Mesmo assim, continuei vivendo o mesmo estilo de vida. Era quase como se eu estivesse correndo contra o tempo para aproveitar o máximo que eu pudesse, antes que isso acabasse.

Senti que minha vida estava à beira de algum tipo de fim. Meus pais tiveram que descobrir sobre meu carro, pois eu precisava da ajuda deles para rebocá-lo do posto de gasolina perto do acampamento, que ficava a horas de distância de nossa casa. Expliquei a eles parte do que havia acontecido, mas omiti a maior parte da história. No entanto, eles não eram idiotas. Estavam percebendo que meu pai não tinha controle sobre mim, que eu não tinha regras ou disciplina na minha vida, que a escola estava farta das minhas mentiras e que eu estava custando dinheiro a eles devido às minhas más escolhas. Meus pais estavam quase fartos. A gota d'água estava prestes a cair. Infelizmente, eu tinha que terminar a minha fase selvagem ou chegar ao fundo do poço, mas ainda não tinha acabado— ainda não!

PERGUNTAS PARA VOCÊ

1. Você já foi estuprada ou molestada antes? Ou abusada fisicamente/emocionalmente? Por quem? Com que frequência?

2. Como você lidou com essas injustiças feitas a você?

3. Você já sofreu automutilação, como se cortar ou ter um transtorno alimentar? Se sim, escreva sobre isso. O que provocou isso?

4. Você vê valor em si mesma? Por que sim ou por que não? A desvalorização vem dos outros? Se sim, por que você adotou a opinião deles sobre você?

5. Você já teve pensamentos suicidas ou tentou suicídio? O que te levou a este momento ou pensamento? Escreva por que o mundo precisa de você nele. Você é pintor, compositor, atleta, mãe ou pai, irmã ou irmão? Este é um propósito! Você estava destinado a estar vivo agora, neste momento, e foi feito de forma única! O que torna você único?

6. Você sabia que todas aquelas pessoas que o prejudicaram, mentiram sobre você ou abusaram de você não precisam ter controle sobre o seu futuro? Elas podem ter um pedaço do seu passado, mas elas não terão o seu futuro se você não permitir! Eu quero encorajá-lo neste momento a perdoá-las. O perdão não encobre o que fizeram com você, nem torna o que fizeram com você aceitável, mas o liberta do poder do que fizeram com você! Apenas sussurre bem rápido: "Eu perdôo

_____." Talvez você precise dizer isso algumas vezes por dia, até que chegue o momento em que perceba que dizer o nome deles não te incomoda mais, porque eles não têm mais poder sobre você! Escreva os nomes das pessoas que você precisa perdoar. Anote coisas positivas ao lado de cada nome, coisas nas quais você pode acreditar que eles viverão e experimentarão!

É HORA DE ESCREVER A SUA HISTÓRIA...

_____

_____

_____

_____

_____

_____

_____

_____

_____

_____

_____

_____

_____

_____

5

NO FUNDO DO POÇO

Como se tudo o que já havia acontecido não fosse o suficiente para mim, para os coitados dos meus pais, para o restante da minha família e para todos que estavam próximos de mim, eu entrei no ritmo acelerado. Mas então, algo mais poderoso do que eu deu início a uma série de acontecimentos intensos que também aceleraram e, literalmente, mudaram toda a minha vida! Naquele momento, eu não tinha como entender o que estava acontecendo. Eu simplesmente sabia que não estava completamente louca, e o que quer que estivesse acontecendo comigo, era real.

Meu namorado, Jack, continuava me traindo. Nosso relacionamento era um vai e vem constante, e eu frequentemente tentava machucá-lo de volta, beijando outros caras. Eu tinha criado uma ligação de alma com uma doença— algo que eu já não queria mais, mas do qual não conseguia me livrar. Na verdade, fazia muito tempo que eu não sentia amor no nosso relacionamento, se é que algum dia senti. Era mais uma questão de orgulho e de conquistar aquilo que supostamente era "meu" (ou que eu achava que era).

O fim do verão se aproximava rapidamente, e eu estava no meu terceiro ano do ensino médio. Os fins de semana, normalmente, eram o meu momento de extravasar com as amigas e fazer o que eu bem entendesse. Não importava o que fosse, o objetivo era não pensar em Jack e no que ele estava fazendo, mas me divertir, enlouquecer com as minhas amigas e me sentir "livre!"

Em um desses fins de semana, minhas amigas e eu pulamos na carroceria de uma caminhonete e saímos para festejar. Assim que chegamos na primeira festa, meu amigo Larry mostrou uma bolsa enorme de ecstasy! Eu nunca tinha visto tanto ecstasy junto antes. Ele disse que comprou tudo para vender e poderia conseguir um grande lucro, porque era uma droga pela qual as pessoas estavam dispostas a pagar caro. Eram os novos comprimidos de ecstasy que tinham acabado de chegar no mercado— mais fortes do que qualquer outro e misturados com várias drogas pesadas. Naturalmente, decidimos experimentar primeiro. Estávamos animados para testar os comprimidos mais potentes. Larry e meu melhor amigo, Freddy, estavam no banco da frente da caminhonete, esmagando os comprimidos e preparando carreiras para mim e para minha amiga Natalie no banco de trás. Entramos na festa por um tempo e, quando o ecstasy começou a fazer efeito, bateu forte. Estávamos nos divertindo muito, até que ouvimos que os vizinhos tinham chamado a polícia por causa do barulho. Todos nós corremos para os carros e saímos de lá o mais rápido que conseguimos.

Quando chegamos na festa seguinte, vi Larry procurando desesperado no carro, nos bolsos e no casaco por alguma coisa.

"Larry, o que você está procurando?", perguntei.

"Eu não sei onde diabos foi parar aquela bolsa!", ele gritou. "Me ajuda a procurar! Aquilo é muito dinheiro, p#rra!"

Achamos que ele estava brincando, porque não dava para entender como alguém poderia perder, sem querer, um saco tão grande de ecstasy! Mas ele estava completamente chapado, então tudo era possível. Entramos de volta na caminhonete e aceleramos, voltando para a primeira casa, tentando refazer o caminho. Procuramos e procuramos, mas nada. Até que, finalmente, vimos a bolsa na entrada da garagem da primeira festa. Larry foi correndo pegar— só que o ecstasy estava todo esmagado, reduzido a pó! Ele tinha passado por cima com sua enorme caminhonete quando saímos às pressas.

Ele não conseguiria mais vender aquele pó. Todo aquele dinheiro, perdido. E nenhum de nós tinha aquela quantia de dinheiro, só ele. O pai de Larry era rico. Ele ficou tão chapado que só xingou por um minuto, depois começou a rir e disse: "Então vamos ficar mais chapados do que nunca essa noite!"

E claro, nós topamos. Voltamos para a festa na outra casa e ficamos sentados na garagem, cheirando carreira atrás de carreira.

Ele me passava carreiras extras escondido— não sei por quê— mas eu nunca hesitava em aceitá-las. Ele sempre comprava minhas drogas e bebidas, e ainda me dava umas doses a mais, e eu aceitava feliz. Mais cedo naquela noite, já estávamos bebendo, usando drogas e cheirando algumas carreiras, antes da polícia chegar. Já estávamos praticamente fora de nós, mas continuamos usando de forma irresponsável, sem nunca parar para pensar: "Será que já não é suficiente?" Éramos como crianças em uma loja de doces! Tínhamos uma quantidade ilimitada de uma das drogas mais fortes disponíveis.

Entramos na festa por um tempo, mas tinha tanta gente chegando que a garota, dona da casa, estava completamente estressada, o que acabou estragando o clima. Decidimos ir embora. Aquele não era o nosso grupo mesmo. Partimos para um terceiro lugar— um apartamento alugado por pessoas que eu não conhecia.

No caminho, eu senti todas as drogas fazerem efeito de forma extrema. Eu sentia como se não tivesse mais controle sobre o meu corpo. Conseguia pensar, mas meu corpo parecia desconectado de mim. Não conseguia mexer as pernas, os braços e nem virar a cabeça. Eu não controlava as expressões do meu rosto, e muito menos conseguia falar. Chegamos na escada que levava ao apartamento. De algum jeito, eu consegui subir, agarrada no corrimão, dando alguns passos até chegar no topo— sem saber como tinha conseguido. Entrei e me joguei no sofá imediatamente. Eu estava tentando me convencer a agir normalmente, fosse lá o que isso significasse, enquanto perdia o controle cada vez mais. As vozes ao meu redor soavam abafadas, e meus olhos enxergavam tudo como se eu estivesse olhando por aquelas janelas arredondadas de aquário. Eu só conseguia ver o meio daquilo para onde eu olhava; o resto em volta ficava tudo embaçado. Eu não conseguia distinguir o tamanho real de nada. As coisas que estavam longe pareciam perto, e as que estavam perto pareciam longe. Um brilho ofuscado cobria tudo o que eu ainda conseguia enxergar.

O casal que morava no apartamento tinha uma menininha de dois anos de idade. Eu amo crianças— sempre amei. E lembro que, no meio daquela viagem, aquela menininha conquistou o meu coração.

Depois que Larry disse que ia para a cozinha fumar um baseado com os amigos, eles gritaram para a garotinha, dizendo a ela: "Você sabe para onde ir quando tirarmos isso (o cachimbo deles)!"

A garotinha correu obedientemente para a sala e se agachou perto das minhas pernas. Eles gritaram para ela começar a limpar a sala. Ela começou a pegar as almofadas do chão e colocá-las no sofá. Apesar de eu estar muito chapada, fiquei chocada por uma garotinha de dois anos de idade estar perto de nós e perto de tudo aquilo! Meu coração estava partido pela forma como os pais dela a trataram. Este momento marcou meu segundo maior sentimento de convicção; o primeiro foi a noite em que Danielle foi estuprada por aqueles homens. Esses momentos se destacaram para mim porque convicção não era algo que eu sentia mais.

Esta garotinha era inocente demais para estar perto disso! Estendi meus braços para segurá-la e confortá-la, mas falhei. Naquele momento, eu estava vendo várias dela. Tentei alcançá-la três vezes, mas falhei todas as vezes. Finalmente consegui dizer algumas palavras e pedi que ela viesse em minha direção. Ela caminhou até mim e subiu no meu colo, e eu a abracei.

Freddy veio até mim e sentou-se ao meu lado. "Heather, você está bem?", ele me perguntou. Essa foi a última coisa de que me lembro. Eu apaguei.

O que aconteceu depois foi o que me contaram, porque eu não me lembro. Freddy me carregou até a caminhonete e me colocou no banco da frente. Larry nos levou para casa. Paramos na casa do Freddy para deixá-lo primeiro, porque a casa do meu pai ficava mais longe, fora da cidade. Freddy disse ao Larry para me levar para casa imediatamente porque ele estava realmente preocupado comigo. Eu estava inconsciente há um tempo e não me mexia nem fazia nenhum som. Larry garantiu ao Freddy que me levaria para casa. Porém, no caminho para minha casa, aparentemente comecei a espumar pela boca. Isso deixou Larry apavorado. Ele pensou que eu estava morta e que ele seria culpado por me dar todas as drogas, então ele deu meia-volta com a caminhonete e começou a me levar de volta para Seattle.

Acredito de todo o coração que eu realmente estava morta.

O pai dele era dono de muitos prédios de apartamentos por toda a região, e alguns estavam abandonados. Ele me levou para um dos prédios abandonados, me carregou até um dos apartamentos e me deixou no chão de um cômodo, como lixo.

Eu não me lembro de nada do que aconteceu naquela noite, desde o momento em que desmaiei até três dias depois. Acredito de todo o coração que eu realmente estava morta.

O distrito escolar ligou para minha mãe e a informou que eu não tinha ido à escola por alguns dias. Minha mãe ligou para meu pai. Ele não sabia onde eu estava. Minha mãe o ameaçou, dizendo que ele precisava me encontrar, ou ela chamaria a polícia e faria o que fosse preciso para me trazer de volta. Não havia a possibilidade de meu pai querer mais brigas na justiça com minha mãe, ou lidar com a polícia, então, ele ligou imediatamente para o Freddy.

"Onde está a Heather? Ela não voltou para casa há dias!"

"Larry deveria tê-la levado para casa no sábado à noite", Freddy disse a ele. "Foi a última vez que a vi."

"Encontre-a e traga-a para casa o mais rápido possível, Freddy! Você deveria estar cuidando dela!", meu pai gritou.

Freddy ligou para Larry e o pressionou e pressionou até que Larry cedeu e disse que o levaria até onde eu estava. Eles dirigiram de volta para Seattle, a cerca de uma hora de onde morávamos. Eles entraram no complexo de apartamentos e subiram correndo as escadas até o quarto onde Larry havia me deixado para morrer. Eu ainda estava lá no chão. Freddy deve ter pensado que eu estava morta, porque eles começaram a discutir. Enquanto discutiam, recuperei a consciência pela primeira vez. Eu mal conseguia ouvir a voz de Freddy, mas o ouvi xingando Larry e o empurrando. Então, pela fresta da porta, Freddy viu que eu me mexi um pouco. Ele entrou correndo e me levantou do chão.

Eles me trouxeram para casa. Não me lembrava de nada da viagem até chegarmos à minha garagem. Uma vez lá, Freddy me carregou para o meu quarto e me colocou na cama.

Lembro-me do meu pai olhando para mim enquanto passávamos por ele. Todos estavam cansados de mim agora, inclusive meu pai.

Eu estava onde estava por causa da minha própria rebeldia e das minhas más escolhas.

Eu nunca fui a melhor filha para o meu pai. Eu falava com ele de forma horrível e não tinha respeito por ele. Eu tinha testemunhado todo o seu drama com as namoradas— as traições; as namoradas gritando, batendo na nossa porta, tentando entrar em nossa casa; e muito mais. Eu o tinha visto ser fisicamente abusivo com garotas. Eu tinha ficado bêbada com meu pai muitas vezes. Ele fornecia álcool e drogas para meus amigos e para mim. Embora eu gostasse do fato de poder fazer o que eu quisesse e sair impune, eu não tinha respeito por ele por causa dessas mesmas coisas. Ainda assim, eu não podia culpá-lo pela minha vida. Na verdade, eu usava os defeitos dele como desculpas para fazer o que eu quisesse. No final das contas, eu tinha tomado minhas próprias decisões. Eu estava onde estava por causa da minha própria rebeldia e das minhas más escolhas.

VIVA

Eu dormi por um dia e uma noite inteiros. Levantei-me e preparei-me para a escola no dia seguinte, mas ainda me sentia completamente fora de mim. Ainda não tinha certeza do que tinha acontecido comigo nos últimos dias. Foi tão estranho entrar na escola naquele dia. Senti como se estivesse entrando em um lugar totalmente novo, onde não conhecia ninguém. Eu me perguntava se alguém sabia o que estava acontecendo comigo. Temia que pudessem me conhecer melhor do que eu mesma.

Para a minha surpresa, na aula de saúde naquela manhã era o Dia das Drogas! Coincidência? Não tenho certeza, mas parecia intencional. Mostraram um vídeo. Para o meu choque, era sobre um garoto de dezesseis anos que teve uma overdose de ecstasy! Em determinado momento, a imagem de uma enorme pílula de ecstasy cruzou a tela. Eu não conseguia acreditar— era o mesmo ecstasy que eu havia tomado. Então, eles mostraram o menino morto sendo carregado em uma maca enquanto sua mãe gritava e chorava pela perda do filho. Foi demais, rápido demais. Comecei a chorar em voz alta no fundo da sala de aula.

Algumas pessoas se viraram para mim para perguntar se eu estava bem, mas eu apenas mantive a cabeça baixa, chorando. Eu simplesmente sabia que não deveria estar sentada ali naquele momento. Eu deveria estar morta. Eu estava tão grata por estar viva.

Depois da escola naquele dia, eu tinha uma consulta médica para fazer um teste de drogas. Eu estava cheia de ansiedade enquanto esperava os resultados em uma sala fria por um longo tempo. Finalmente, o médico e uma enfermeira entraram com os resultados do teste. Ambos me olharam diretamente nos olhos enquanto o médico dizia: "Você é uma morta-viva! Você tem drogas mais do que suficientes no seu organismo para matar três homens adultos!"

Eu estava em choque. Eles haviam confirmado o que eu temia. Comecei a chorar novamente. Eu não entendia como eu ainda estava viva! Embora eu estivesse um pouco nervosa por ser reprovada no teste de drogas, sabendo que poderia ser entregue à polícia, eu estava extremamente grata por estar sentada ali naquele momento, viva, independentemente de me meter em encrenca ou não.

Então, os médicos continuaram a compartilhar comigo as consequências se eu continuasse com esse estilo de vida. Disseram à minha mãe que poderiam me fazer exames toxicológicos regulares para me manter consciente e prestar contas. Muito do que eles diziam eu não ouvia por causa do choque em que eu estava, e do novo medo que estava tomando conta de mim.

Naquele dia, parei de usar todas as drogas pesadas. Não eram necessários programas de sete passos. Simplesmente parei de uma vez. Foi um milagre! Embora em parte inspirada pelo medo de ser reprovada em futuros exames toxicológicos e problemas com a polícia, no fim das contas eu sabia que tinha que parar se quisesse continuar viva. Eu não conseguia me livrar da sensação de que algo estava me dando outra chance.

No entanto, eu ainda não estava pronta para desistir de tudo. Eu ainda bebia e fumava maconha porque éramos burros o suficiente para acreditar (ou pelo menos dizer a nós mesmos) que maconha não era uma droga! Aprendi essa revelação um pouco tarde: qualquer coisa que faça você ver ou sentir coisas estranhas e altere o seu eu normal é uma droga (aqui está a minha definição científica para você)! Lentamente, mas com segurança, as camadas do meu estilo de vida selvagem começaram a descascar como uma cebola.

> Observação: Maconha é uma droga— ponto final. Maconha não deveria ser legalizada— ponto final. Nosso problema nos Estados Unidos— e como humanos— é que somos obcecados em inventar desculpas para vivermos da maneira que queremos e da forma mais confortável possível, sem consequências. Enquanto continuarmos alargando os limites entre o certo e o errado, mais consequências receberemos, não apenas individualmente, mas como nação. Criamos desculpas para não nos comprometermos. Uma coisa é tomar uma decisão ruim e fazer a coisa errada, mas outra coisa completamente diferente é chamar o que é errado de certo! Para nos sentirmos melhor fazendo a coisa errada, pedimos a sua legalização, para que outros também façam errado! Como se isso a tornasse certa! Precisa-

mos de nossa moralidade de volta. Precisamos parar de nos confundir com as muitas desculpas que as pessoas usam para tentar nos convencer de que é aceitável fazer o que é errado. Não! Moralidade é sobre escolher fazer a coisa certa, mesmo que seja a coisa mais difícil de fazer! Moralidade à parte, você gostaria de dirigir na rua com um carro cheio de gente chapada? As más decisões de outras pessoas afetam a todos nós. Como se costuma dizer: "Se você cede um centímetro, eles tomam um quilômetro."

DIA DA MUDANÇA

Pouco depois da minha overdose, minha mãe avisou ao meu pai que estava indo para a casa dele e que traria policiais com ela. Meu pai gritou comigo porque minha mãe estava a caminho com os policiais. Corri para o banheiro, me tranquei lá dentro e tentei o meu melhor para bloquear a porta. Eu estava disposta a lutar até o fim para manter o controle da minha vida bagunçada. Quando os policiais chegaram, bateram na porta, gritando: "Abra esta porta agora mesmo! Você têm cerca de cinco segundos para abrir esta porta! Se não abrir, nós vamos derrubar esta porta e levar você para a cadeia!", minha mãe gritou atrás deles, demonstrando o seu apoio gritando: "Eu não vou resgatar você da cadeia, e seu pai também não, então abra a porta— agora!"

Eles já estavam fartos do meu caos, e meu pai não podia mais me proteger. Eu pensei no que fazer por um longo tempo. Eles eram policiais pacientes. Provavelmente se sentiam mal pela minha pobre mãe. Finalmente, depois que me deram um ultimato, tirei tudo do caminho da porta e criei coragem para abri-la. Abrir a porta com policiais do outro lado não me assustou; abrir mão do controle me aterrorizou. Eu me esforcei tanto para fazer da minha vida aquilo que eu achava que queria que ela fosse— não importava o quão tola e destrutiva fosse. Eu temia o que estava à minha frente, especialmente abrir mão da minha liberdade. Eu tinha medo da verdade e de admitir o quanto eu estava errada e o que eu precisava mudar, especialmente para os outros, que eu sabia que estavam certos. Olhando para trás agora, parece tão estranho ter medo da minha salvação. Meu orgulho era mais forte, tentando defender a minha falsa liberdade, do que o desejo do meu coração de ser salva. Aquela porta do banheiro sendo aberta, sem que eu percebesse, era a porta para a minha verdadeira liberdade. Eu abri mão do controle e abri a porta.

Olhando para trás agora, parece tão estranho ter medo da minha salvação.

Os policiais me mandaram entrar no banco de trás do carro deles para que pudessem me escoltar até a casa da minha mãe, mas eu recusei e pulei no banco de trás do carro da minha mãe. Eu ainda estava lutando por qualquer resquício de controle que pudesse. Eles nos seguiram até em casa, até chegarmos à nossa garagem. Antes que o carro da polícia partisse, um policial gritou da janela para minha mãe: "Me ligue se ela te causar algum problema."

Eu estava encurralada. Subi para o meu quarto e me tranquei lá dentro. Coloquei minha cômoda e todos os outros móveis do meu quarto em frente àquela porta. "Você não pode ficar aí para sempre!", minha mãe gritou através da porta do meu quarto. "Cedo ou tarde você vai ficar com fome!"

Com a última gota da minha força, escolhi tentar provar que ela estava errada. Aquela noite e todo o dia seguinte se passaram e recusei-me a sair ou deixar que alguém entrasse. Eu estava morrendo de fome, mas o último resquício de rebeldia em mim não me deixaria perder a batalha e abrir a porta. Meus pais desligaram minha luz, TV a cabo e aquecimento para me forçar a abrir a porta. Eu não me importei.

Tarde da noite seguinte, enquanto estava deitada no chão, ouvi as vozes dos meus avós entrando pela porta da frente. Agora eu estava preocupada. Eu amava e respeitava meus avós (os pais da minha mãe). Eu não conseguia gritar com eles ou desrespeitá-los.

Há algo sobre os idosos— especialmente seus próprios avós— que você não quer decepcioná-los. Eles eram as únicas pessoas que eu nunca desrespeitei, e eu tinha vergonha de me verem assim. Eles eram tão ingênuos. Eles não sabiam de nada que eu tinha feito, exceto o pouco que minha mãe lhes contara. Meu vovô me pediu gentilmente para abrir a porta, mas eu fiquei no chão, chorando. Então ouvi minha avó empurrar meu vovô para fora do caminho e começar a bater com força na minha porta. "Abra esta porta agora mesmo, Heather Lynn!", ela gritou. "Não estou pedindo; estou dizendo para você abrir agora! Está me ouvindo? Abra esta porta agora mesmo!" Minha avó podia ser uma pessoa assustadora se quisesse. (Minha mãe e eu herdamos nossos espíritos guerreiros dela!) Com outra batida dela na porta, eu me levantei, tirei tudo do caminho e abri a porta.

Meus avós me levaram para jantar naquela noite para conversar comigo. Eles compartilharam histórias sobre mim quando era pequena e o quanto eu era amada. Eles me lembraram do que sempre me chamavam de: "Você é nosso anjinho e sempre será." Sei que minha mãe não ficou feliz por eles terem entrado como heróis, mas isso amoleceu o meu coração um pouco. Eles me mostraram um amor que eu não merecia, que é misericórdia. Foi o começo do meu processo de deixar a minha guarda cair. Agora que todos já tinham me visto no meu pior momento, não havia mais como me esquivar. Logo fui honesta comigo mesma e percebi que estava feliz por minha mãe ter forçado meu resgate, (não que eu tivesse dito isso a ela na época!). Se minha mãe não tivesse agido quando o fez, não tenho certeza se teria vivido por muito mais tempo.

Eu estava apenas começando a minha caminhada para liberdade; os velhos padrões ainda não haviam se quebrado. Mesmo que algo estivesse mudando em mim, o mundo ao meu redor não havia mudado. Eu não percebi que o que estava acontecendo em mim afetaria tanto ao meu redor. Tentei manter as mesmas amizades— indo aos mesmos lugares, mas não fazendo as mesmas coisas, como se isso não fizesse meus mundos colidirem. Houve mais alguns momentos difíceis no caminho— mas minha perspectiva sobre o que estava por vir era completamente diferente agora.

Uma noite, saí escondida da casa da minha mãe e me encontrei com meus antigos amigos de festa (exceto Freddy), incluindo Larry, o cara que me deixou para morrer no apartamento abandonado. Fomos para uma festa, embora eu tenha deixado claro que não usaria drogas. Me ofereci para ser a motorista responsável. Alguns deles ficaram irritados comigo por causa da minha "mudança repentina", então me trataram como uma traidora. Eles mentiam para mim sobre coisas que estavam fazendo, incluindo as drogas que estavam usando. Isso me magoou muito, pois parecia que éramos muito próximos e tínhamos passado por tanta coisa juntos. Eu não queria ter que romper minhas amizades, apesar de elas não parecerem mais confiar em mim, simplesmente porque eu tinha decidido fazer uma mudança positiva na minha vida. Por algumas vezes, minha lealdade às pessoas quase foi minha ruína.

> **Observação:** se você precisa de cura para qualquer tipo de vício em sua vida (física, mental, emocional, sexual, etc.), saiba que você precisa se amar primeiro antes de poder amar outras pessoas. Sua lealdade aos outros não pode ser mais importante do que se manter saudável. Não estou falando sobre egoísmo e sempre se colocar antes dos outros. O que estou dizendo, assim como diria se estivesse cara a cara com você, é: deixe velhas amizades e relacionamentos para trás! Algumas pessoas acham que estou sendo dura quando aconselho isso, insistindo que os amigos precisam da ajuda deles. Eu respondo perguntando: "Como pode uma pessoa que está se afogando salvar outra pessoa que está se afogando?"
>
> Sinceramente, pouquíssimas pessoas querem que aquele amigo que usou drogas, álcool ou qualquer outra coisa junto com elas a vida inteira, de repente venha

dizer que elas deveriam parar e se tornar alguém melhor e mais saudável!

Você precisa cuidar de si mesmo, e qualquer pessoa que não apoie (respeite) 100% a sua mudança de vida precisa ficar fora da sua vida— pelo menos por um longo período de tempo. A melhor coisa que você pode mostrar a elas é o fruto de uma vida saudável e livre! Quando elas verem paz, alegria, amor e muito mais em sua vida, elas também desejarão o fruto de uma vida saudável e livre, se estiverem realmente prontas para abandonar esse antigo estilo de vida.

Isso me leva ao meu próximo ponto: não "melhore" por três meses e depois ligue para todo mundo novamente para conversar com elas como se estivesse melhor! Você pode se sentir melhor, mas o padrão de vida prejudicial que você criou ao longo dos anos não mudará da noite para o dia.

A liberdade precisa ser vivida. É consistência, tomar decisões certas, que comecem a quebrar velhos gatilhos, velhas mentalidades e velhos padrões. Seu coração, mente e espírito precisam acompanhar seu novo estilo de vida por um bom tempo. Não se trata apenas de mudança de comportamento— trata-se de mudança de vida. A evidência de uma mudança de vida é quase não se reconhecer mais no antigo você e quase não se identificar com aquela versão antiga. Vai parecer estranho contar velhas histórias porque nenhuma delas representa o novo você. E quando as pessoas começarem a comemorar o novo você— a te enxergar de forma diferente porque você fala, reage e age de forma completamente distinta— você até vai se perguntar: "Nossa, quem é essa pessoa nova, incrível e saudável?" Quando você foca diariamente em tomar decisões saudáveis e certas, um dia você percebe que se tornou uma nova e linda versão de si mesma, aquela que você sempre deveria ter sido! Não se trata de focar nas tentações e no que não fazer todos os dias, mas sim sobre focar no que é certo todos os dias.

Quando vivemos uma vida focada em não fazer a coisa certa, começamos a ter medo de cometer esse erro, e nossa atenção é dada à coisa errada, o que pode, na verdade, nos levar ao fracasso. Concentre sua atenção em coisas saudáveis que você ama fazer. Sonhe e concentre-se no que você quer ser nesta nova vida e, então, comece a fazer isso aos poucos! Esta é a pessoa que você foi criada para ser neste mundo. A investida para destruir quem você era já acabou!

Quanto aos seus amigos que precisam de ajuda, encontre alguém para ajudá-los— qualquer pessoa que não seja você! Você precisa cuidar de si mesma para poder ser o seu verdadeiro eu. Um dia, você ajudará os outros, mas isso acontecerá quando tudo em você for o novo você.

Chegamos à festa e entramos. Eu nunca tinha estado nesta pequena casa antes. Larry voltou de um quarto em algum lugar com um cara que eu nunca tinha conhecido. Percebi que todos estavam agindo de forma estranha comigo e não estavam realmente falando comigo. Então, sentei-me no sofá sozinha, olhando para as fotos na parede por um tempo. A próxima coisa que percebi foi que um grupo de pessoas veio correndo de um quarto dos fundos gritando: "A polícia está a caminho e quase chegando!" Todos nós saímos correndo para os nossos carros. Todos no carro disseram que não tinham usado drogas, então pulei no banco de trás e deixei Larry dirigir. Tudo aconteceu tão rápido.

Começamos a dirigir para o norte, em direção de casa, mas tínhamos pelo menos uma hora de viagem pela frente. Era tarde, e eu estava cansada e pronta para ir para a cama, então me acomodei no banco de trás e adormeci. Mal sabia eu que o cara no banco de trás comigo, e Ashley, no banco da frente, também tinha adormecido.

Logo depois que todos nós dormimos, Larry, nosso motorista, também desmaiou! Só me lembro de acordar de repente, olhando pelo para-brisa e percebendo que Larry havia saído da rodovia indo para o norte, descendo por um barranco, passado por cima de uma vala e entrado na contramão!

Não se trata apenas de mudança de comportamento—
trata-se de mudança de vida.

Estávamos dirigindo na contramão na I-5 Sul! À esquerda e à direita, carros buzinavam e desviavam da estrada a 100 km/h enquanto descíamos bem no meio da rodovia! Eu gritei: "Larry!" enquanto agarrava o volante e o virava bruscamente, fazendo com que caíssemos em uma vala. Todos nós, exceto Ashley, estávamos acordados agora e tentando entender o que tinha acontecido. Meu coração batia tão rápido e eu respirava tão forte que não conseguia dizer nada. Enquanto tentava recuperar o fôlego, Larry saiu do carro para verificar. Enquanto ele estava lá fora, perguntei ao cara do meu lado o que eles tinham ingerido naquela festa. Ele disse que tinham sido enganados por um traficante— ele tinha vendido pílulas para dormir! Eu fiquei tão furiosa por terem mentido para mim! Olhei para Ashley e fiquei surpresa ao ver que ela ainda estava dormindo, apesar de tudo o que tínhamos acabado de passar. Larry abriu a porta do carro e informou que estávamos com o pneu furado. Eu só queria ir para casa, mas lá estava eu novamente, presa em uma situação lamentável por causa das minhas más escolhas. Percebi que era uma das primeiras vezes que fiquei irritada comigo mesma e com o meu estilo de vida.

Esperei no carro enquanto Ashley roncava no banco da frente. Os caras atravessaram cinco faixas de trânsito para conseguir uma bomba de ar para o pneu. Enquanto eles estavam fora, o que pareceu uma eternidade, tive momentos tensos cuidando do carro, da minha amiga e da minha liberdade.

GRATA POR UM MOLETOM

Vi os faróis de um carro se aproximando atrás do nosso carro no acostamento da rodovia. O carro parou e estacionou bem atrás de nós. Os faróis iluminaram o carro, me cegando tanto que não consegui ver quem era. Vi um homem sair do carro. Minha mente disparou: o que esse cara está fazendo à 1 hora da manhã parando atrás de nós?

Observei pelo vidro traseiro enquanto ele saía do carro, e ele parecia doido— tipo, doido mesmo! Meu coração acelerou enquanto ele se aproximava do nosso carro. Ele bateu nas janelas, gritou palavrões e perguntou o que estávamos fazendo. Eu estava morrendo de medo! Sendo tão corajosa quanto eu, escondi meu rosto sob um moletom no chão e fiz minha primeira oração em muito tempo.

Minha amiga ainda estava desmaiada no banco da frente. Depois de bater nas janelas por cerca de cinco minutos, que pareceram uma eternidade, o homem finalmente foi embora. Respirei fundo, mas fiquei debaixo do moletom, caso ele ainda estivesse do lado de fora da minha janela. Só depois de ouvi-lo ligar o carro e voltar para a rodovia é que saí do meu esconderijo. Ufa! Fiquei tão aliviada— por um momento.

Momentos depois, ouvi sirenes e vi luzes piscando no retrovisor. Eu não conseguia acreditar. Meu coração começou a bater ainda mais rápido do que antes. Foi um milagre eu não ter tido um ataque cardíaco. Eu simplesmente sabia o que isso significava— eu seria presa pela estupidez dos meus amigos, e nenhum deles teria vindo me socorrer se visse um policial prendendo Ashley ou a mim. Peguei o moletom que eu tinha usado antes para cobrir o meu rosto, para cobrir as latas de cerveja que estavam por todo o chão, e rapidamente pulei para o banco da frente.

O policial bateu na janela do motorista com a lanterna e me disse para abaixar o vidro, então eu o abaixei um pouco. Ele ligou a lanterna e apontou diretamente para os meus olhos. Coloquei todo o meu corpo na frente da janela para esconder minha amiga desmaiada no banco do motorista e qualquer outra coisa que ele pudesse ver e que não deveria estar lá.

"Está tudo bem?", perguntou o policial.

"Ah, sim, está tudo bem, senhor. Só temos um pneu furado, e meus amigos correram até o posto de gasolina para pegar uma bomba para consertar."

Ele apontou a lanterna para o nosso pneu furado para verificar o que eu disse.

"Tem certeza? E a sua amiga?", ele perguntou.

"Ela só está cansada porque está muito tarde. Sério, estamos bem!", eu lhe assegurei.

Ele olhou para o carro e depois para mim, talvez tentando decidir se acreditava em mim. Interrompi seu processo de pensamento e disse com um grande sorriso no rosto: "Muito obrigada por parar e pela sua preocupação!" Com isso, ele se afastou, voltou para o carro e foi embora. Eu não conseguia acreditar! Ufa! Mais uma vez por pouco!

Recostei-me no banco, fechei os olhos e respirei fundo mais algumas vezes. Percebi o quanto estava brava com os caras naquele momento— eu poderia tê-los matado por me colocarem naquela situação e por demorarem tanto! Eles provavelmente estavam comendo doces e nachos enquanto eu estava perto de ser sequestrada e presa! Olhei pela janela procurando por eles e os vi correndo de volta pela rodovia, rindo histericamente de alguma coisa. (A última coisa que eu tinha vontade de fazer era rir!)

Os caras finalmente conseguiram voltar e começaram a mexer no pneu. Eu tentei esperar pacientemente, mas então os ouvi xingando e rindo de novo. Abri a porta para ver o que estava acontecendo e perguntei: "Que diabos vocês dois estão fazendo? O pneu já foi consertado?"

Ainda rindo, eles disseram: "Acabamos de quebrar a po##a da câmara de ar! E agora?"

Eu senti vontade de chorar, mas não chorei. Estávamos ferrados. Larry então teve a brilhante ideia de dirigir para casa com o pneu furado, mesmo estando a 80 quilômetros de casa. Isso durou cerca de dois minutos. (Não ajudou o fato de ele ter arrancado a 96 quilômetros por hora!) A borracha voou e estávamos dirigindo no aro de metal, com faíscas saindo da traseira do carro. Ótimo para atrair um policial! A única coisa pior do que ficar parado no acostamento da rodovia com um pneu furado é dirigir na rodovia com faíscas saindo do aro.

"Pare!", eu gritei. "Encoste agora!"

Todos nós começamos a brigar. Não sabíamos o que fazer. Já eram umas 3 da manhã e ninguém viria nos socorrer— bem, exceto a mãe do Larry, nosso último recurso, mas única opção. Ela morava a cinquenta quilômetros de distância. Era uma pessoa muito interessante. A boa notícia era que sabíamos que não teríamos problemas pelo que tínhamos feito— ela não era esse tipo de mãe. Só esperávamos que ela aparecesse.

Ficamos sentados e esperamos meia hora até ela chegar e, assim que ela chegou, entrámos todos no seu carrinho. Voltamos para o apartamento dela por volta das 4 da manhã. Tudo o que eu queria era a minha cama, e eu sabia que estava prestes a entrar quando meus pais acordaram de manhã e viram que eu não estava lá! Foi a primeira vez que desejei estar em casa, na minha própria cama. Percebi naquela noite que meus desejos estavam mudando.

A ânsia por essa vida rebelde e louca de festas não existia mais— eu estava meio enjoada disso. Mal podia esperar para chegar em casa de manhã, mesmo que isso significasse ficar de castigo.

Eu estava aprendendo que, mesmo tendo me afastado das drogas em um momento, a verdadeira liberdade era uma caminhada diária— escolhas boas e consistentes que eu tinha que fazer para quebrar quatro anos de hábitos que eu construi. Mas eu estava grata por esses encontros. Eles eram sobrenaturais e me mudaram.

VOZES

Eu estava indo visitar meu namorado, Jack, na faculdade dele. Levei alguns amigos comigo, com quem eu não saía há algum tempo, pois estava tentando ficar longe das drogas (embora, como escrevi antes, não considerássemos maconha como uma droga).

Chegamos à casa do Jack e todos nos sentamos para fumar um baseado juntos. Eu era uma das últimas pessoas do nosso círculo de cinco. Depois que todos deram uma tragada, meu amigo me passou o cachimbo, e, eu não estou brincando, no momento em que o peguei, a sala inteira congelou! Todos estavam paralisados no meio da conversa. Eu não conseguia acreditar! O que estava acontecendo comigo? Então, ouvi uma voz me fazendo perguntas: "É isso que você sonhava em fazer quando era criança. Você é realmente feliz vivendo assim? É assim que você quer que seu futuro seja?"

Essas eram perguntas realmente boas que eu não tinha me feito antes. Mas de onde vinham essas perguntas?

Eu não conseguia acreditar no que estava acontecendo. Eu não entendia o que estava acontecendo. Por trás das perguntas, eu ouvi uma voz suave dizer repetidamente: "Não, não, não, não, não, não..."

Então, tão repentinamente quanto o quarto havia congelado, ele descongelou, e todos retomaram o que estavam fazendo. Eu interrompi e disse abruptamente: "Não!" Todos pararam e me encararam. "Como assim, não?" perguntaram.

"Quer dizer, não! Terminei! Desisto! Não vou mais fazer isso!" Todos riram de mim e disseram: "Ah, você já está chapada, Heather. Senta, relaxa e fuma com a gente."

"Eu disse que para mim chega! Vou provar para vocês!", eu disse na defensiva. Minha competitividade estava finalmente entrando em ação!

"Heather, todos sabemos que você estará de volta aqui conosco no próximo fim de semana, fumando de novo, então é melhor fazer isso agora", disse um deles.

Eu estava muito zangada, então me levantei e fui embora. Eu sabia que tinha colocado um fim— para sempre. Eu sentia isso. Eu não queria mais aquilo. Eles me provocaram! E daquele momento em diante, nunca mais toquei nisso! Eu tinha fumado maconha quase todos os dias nos últimos anos e parei naquele momento. Eu estava farta.

Este momento nos traz de volta ao início de toda esta história, mas foi realmente um final e um novo começo para mim. Levantei-me pela primeira vez, querendo fazer a coisa certa. Uma nova vontade ou um novo poder estava se manifestando através de mim.

Observação: A vontade humana é mais forte do que pensamos. No fim das contas, fazemos o que queremos fazer, admitindo ou não. É realmente nossa decisão viver a vida da maneira que queremos. É uma mentalidade de vítima e um engano culpar alguém ou algo pela vida que escolhemos viver. Todos nós temos uma vontade e todos vivemos voluntariamente da maneira que escolhemos. Todos nós podemos crescer em diferentes tipos de lares e ter diferentes circunstâncias devastadoras que influenciam os caminhos que escolhemos, mas qualquer pessoa, a qualquer momento, pode escolher um caminho diferente. Você não precisa ser o que os outros dizem e pensam que você é. Você não precisa ser o que a sociedade ou a cultura dizem que você precisa ser. Você não precisa ser a próxima estatística.

Você não precisa viver a vida que eles acham que você deveria. Você pode tomar a decisão de mudar e buscar ajuda. Você pode tomar a decisão de provar que as probabilidades estão erradas. Você pode tomar a decisão de realmente viver! No entanto, para fazer isso, você não pode dar desculpas para si mesmo ou aceitá-las dos outros. Nossa carne sempre tentará nos persuadir a ficar onde estamos, mas nossa alma e espírito clamam por algo melhor. Ouça o que o seu espírito está clamando. Não dê desculpas para si mesmo, não importa como tenha sido o seu passado, não importa qual tenha sido a sua criação, e não importa de qual bairro ou cultura você vem. Pare de se comparar com os outros e de pensar no que eles têm que você não tem. Essa comparação o manterá em cativeiro. As maiores histórias transformadas em filmes e livros são as histórias reais que são histórias de superação— as de pessoas que lutaram contra todas as probabilidades e realizaram seus sonhos. Seu futuro pode ser e será o que você fizer dele!

O mundo transformou a palavra mudança em uma palavra negativa. Ninguém mais quer ouvir que precisa mudar. Por quê? Porque é mais fácil se acomodar e simplesmente continuar fazendo o que temos feito e sendo quem temos sido. É mais fácil não ter que trabalhar em nós mesmos. Nesse caso, ainda acabamos mudando, só que para pior. É interessante que o mundo apoie esse lema enquanto eles estão subindo escadas e construindo grandes corporações, (e muito mais), mas diz ao resto de nós para nos acomodarmos e apenas nos sentirmos "confiantes em quem somos", quando estamos em nosso pior estado. É verdade que é muito mais fácil, de certa forma, permanecer exatamente onde estamos e ser quem somos agora. Mas e se algo dentro de você estiver clamando por mais, clamando por mudança, clamando para crescer e ser mais saudável?

Se você realmente quer ser diferente, então não faça o que o mundo manda! Quando todos fazem isso, todos acabam iguais! O mundo diz: "Não julgue! Se você os ama, não os fará mudar; você os amará do jeito que eles são." Eu digo: "Eu te amo do jeito que você é, mas se você se ama, faça mudanças positivas em sua vida para ser a sua melhor versão e quem você foi criado para ser!" Só porque eu discordo do estilo de vida ou decisão de alguém não significa que eu esteja julgando!

Julgar é lançar uma sentença. Estou pré-julgando se digo mentalmente: "Essa pessoa (não sei) está usando calças largas e uma bandana na cabeça. Deve ser membro de uma gangue. Eu deveria ficar longe dele." Se eu disser à minha amiga: "Não saia com esse cara hoje à noite— você já tem namorado", não estou julgando ela! Estou sendo uma verdadeira amiga, dizendo a ela a verdade e dando-lhe conselhos para protegê-la, porque quero o melhor para ela. Nós distorcemos toda essa coisa de "julgamento", para que ninguém possa nos dizer o que não queremos ouvir. É um modo de vida narcisista nunca permitir que a responsabilidade ou as pessoas que te amam ou se importam com você tragam alertas! Todos nós temos problemas. Estamos todos em processo. Portanto, mudança não precisa ser uma palavra assustadora ou negativa. Eu convido a mudança, com alegria e sem medo, para a minha vida.

Quando me levantei e saí daquela sala, me senti um pouco estranha porque não entendia o que tinha acabado de acontecer comigo. Era sobrenatural, algo em que ninguém jamais seria capaz de acreditar— pelo menos não as pessoas ao meu redor naquele momento. Mas o encontro estava constantemente girando em minha mente!

Logo depois, uma amiga minha, Amanda, me convidou para ir ao shopping com ela no fim de semana seguinte para roubar. Fazíamos isso com frequência. Era normal para nós sairmos durante o dia e roubar algumas roupas novas para o final de semana, especialmente para baladas.

Levávamos sacolas de compras enormes e vazias, e colocávamos uma de nossas próprias camisas dentro para fingir que tínhamos comprado coisas. Íamos às lojas, pegávamos roupas e as levávamos para os provadores para fingir que as experimentávamos. Em vez disso, arrancávamos os sensores das roupas, enfiávamos nas nossas sacolas e simplesmente saíamos com guarda-roupas novos. Quando minha mãe me questionava sobre todas as minhas roupas novas, eu dizia a ela que meu pai tinha me levado para fazer compras, o que ela acreditava. Ele nos mimava comprando coisas para ganhar nossa simpatia. (Ela era ingênua demais para notar os buracos nas roupas, causados por termos arrancado os sensores.)

Pare de se comparar com os outros e de pensar no que eles têm que você não tem. Essa comparação o manterá em cativeiro.

Amanda e eu confirmamos nosso plano de ir ao shopping com outra amiga, Tasha. O fim de semana chegou. Quando acordei naquela manhã de sábado, senti uma forte vontade de não ir. Foi estranho, como quando as pessoas dizem que a consciência fala com elas. Ignorei a sensação e entrei no chuveiro para me preparar. No entanto, durante todo o tempo em que me arrumei, a sensação assustadora ficou cada vez mais forte. Então comecei a ouvir uma voz dizendo: "Não vá!", repetidamente, exatamente como a voz tinha falado comigo na casa do meu namorado. A única diferença era que desta vez eu realmente queria ir com minhas amigas, e a voz estava ficando realmente irritante, como um zumbido no meu ouvido. Não parava, então finalmente bati minhas mãos no balcão do banheiro e gritei para mim mesma no espelho: "Cala a boca! Eu vou!" Agora eu realmente me sentia psicopata— eu não estava apenas falando comigo mesma, mas gritando comigo mesma, (ou era mesmo eu?). O que quer que estivesse acontecendo, estava me irritando porque eu iria ao shopping com as minhas amigas, não importava o que acontecesse. Minhas amigas finalmente chegaram à minha casa para me buscar, e eu fui embora, encontrando com a minha mãe na saída. Ela não estava preocupada, pois eu só iria ao shopping e não a uma casa de crack ou boate.

Chegamos ao shopping e começamos a fazer nossas coisas. O único problema foi que, na primeira loja em que entramos, me senti estranhamente distraída e não consegui roubar nada! Saímos da loja e fomos para a próxima... e a mesma coisa estranha aconteceu! Amanda e Tasha começaram a me questionar sobre por que eu não estava roubando nada. Eu não tinha resposta para elas, então menti e disse que não estava me sentindo bem.

Decidimos entrar em uma grande loja de departamento que todas gostávamos, e eu decidi que roubaria algo lá, com certeza. Cada uma seguiu seu caminho, e eu me vi diante de um suéter que ainda consigo visualizar hoje. Eu o amei, o queria, e estava pronta para roubá-lo! Estendi a mão para pegá-lo no cabideiro e, de repente, meu braço ficou pesado e bateu na minha coxa! Fiquei em choque. "Será que acabei de ter um espasmo muscular?", pensei. Eu tentei novamente, e o meu braço foi empurrado para baixo, batendo na minha coxa novamente. Eu já estava em choque desde a primeira vez, então não tinha como eu ficar ainda mais em choque, mas se fosse possível, eu teria ficado! Fiquei lá, tentando repetidamente tirar o suéter do cabideiro, mas eu era fisicamente incapaz de fazer isso! Não sei por quanto tempo fiquei lá sentada e testando aquele poder insano, mas foi tempo suficiente para as minhas amigas tirarem as roupas dos cabides, entrarem nos provadores, arrancarem os sensores, enfiarem as roupas nas sacolas e virem me encontrar. Eu tinha perdido a noção do tempo, mas meu palpite é que fiquei sentada em frente daquele suéter por trinta minutos tentando tirá-lo do cabide, repetidamente!

Você consegue imaginar se alguém estivesse me observando durante esse tempo? Ha! Histérico! Não consigo imaginar como deve ter sido ou o que os espectadores devem ter pensado. Eu não tinha respostas e estava perplexa.

Fui despertada do meu estado de coma, por Amanda e Tasha me dando tapinhas nos ombros, sussurrando: "Vamos." Nós três nos dirigimos à entrada da loja para sair, Tasha à minha esquerda, Amanda à minha direita. Antes de sairmos da loja, fiquei assustada com os sons e a visão das minhas amigas sendo levadas para o chão, gritando e sendo algemadas.

Enquanto eu olhava para elas em choque, os policiais olharam para mim e me disseram para continuar andando. Para onde eu deveria ir? Elas eram minhas amigas e minha única forma de ir para casa! Sentei-me no meio do shopping, humildemente enquanto observava minhas amigas sendo retiradas da loja e depois colocadas em carros de polícia.

Eu, a "inocente", tive que ligar para os pais das minhas amigas. Eu não entendia por que isso não aconteceu comigo. Repetidamente, eu tentei roubar, sem saber que estávamos sendo vigiadas o tempo todo! Eu era pior do que as duas, e lá estava eu, sem ser algemada. O que estava acontecendo?

Em meu quebrantamento, de repente me lembrei da minha infância, de ter sido criada na igreja e de crer em Deus e em Seu Filho, Jesus Cristo, que morreu na cruz pelos nossos pecados, (meus pecados). Eu não conseguia pensar em nenhuma razão para essa série sobrenatural de eventos além de que Deus estava atuando de alguma forma. Eu tinha certeza de que nunca mais roubaria. Naquele momento, um medo completo tomou conta de mim, mas era um tipo diferente de medo, um medo de um poder superior— Deus. Honestamente, em toda a minha vida, eu nunca tinha sentido medo, até sofrer uma overdose e então vivenciar essa sequência maluca de eventos que eram, na verdade, encontros. Eu me lembrava da voz perguntando se eu estava pronta para dar um basta. Eu estava pronta para dar um basta? Tipo, dar um basta, basta? Tipo, realmente dar um basta?

MAIS UMA COISA

A última e única coisa que não tinha sido arrancada da minha vida era meu relacionamento doentio com o meu namorado, Jack. Eu queria terminar com ele há um tempo, mas nunca tive forças para seguir em frente. Eu não queria ferir os sentimentos dele, embora ele nunca tivesse se importado com os meus sentimentos. Ele também me manipulou com sucesso, dizendo que se mataria (e muitas outras coisas ridículas) se eu o deixasse. Ele estava tentando me assustar para que eu ficasse com ele! Que tipo de relacionamento é esse?

Uma noite, convencida de que tinha terminado com ele, percebi que precisava de ajuda para prosseguir com o término com o Jack. Na época, como eu tinha voltado a morar com a minha mãe e o meu padrasto, eles me obrigaram a voltar à igreja com eles aos domingos. Eu tinha ouvido falar muito sobre oração, então decidi que tentaria orar sobre o término enquanto estava deitada na cama. Era uma oração engraçada que eu não levava a sério. Orei: "Deus, se o Senhor é realmente real e realmente pode fazer o que quiser, então me deixe fisicamente doente a ponto de eu não suportar estar perto do Jack ou sequer ouvir a sua voz." Então, adormeci.

No dia seguinte, esqueci completamente da oração e fui para a escola e segui minha nova rotina normal. Alguns dias depois, o Jack me ligou e me convidou para ir à casa dele para assistir a um filme. Enquanto conversávamos, de repente comecei a me sentir muito mal.

Você pode estar pensando: "De jeito nenhum! Sério?" Sim, estou falando sério, como um ataque cardíaco! Peguei uma gripe (ou pelo menos, sintomas gripais). No caminho para a casa dele, senti náuseas o tempo todo, mas ainda não me lembrava da minha oração de algumas noites anteriores. Cheguei à casa dele e, assim que ele abriu a porta, expliquei que estava me sentindo muito mal. Sentamos no sofá e ele tentou me abraçar. Assim que ele fez isso, tive que me levantar e correr para o banheiro! Imediatamente comecei a vomitar. Depois de mais algumas idas ao banheiro e ele se sentir ofendido por eu ter dito para não me tocar porque eu estava me sentindo muito mal, me dei conta! Era Deus realmente respondendo às minhas orações!

Eu não conseguia acreditar. Deus realmente me enxergou e me respondeu! Mas espere, eu acredito em Deus? Bem, é claro que sim, eu acho. Enquanto crescia, aprendi sobre Ele, mas nunca conversei com Deus nem O permiti entrar na minha vida. Eu me senti menos doente por um momento ao perceber o quão real Deus era! Havia um Deus real, não um Deus chato, do tipo aula de história. Ele não era uma criatura pacífica que um dia viveu e curou pessoas; Ele é real hoje e agora mesmo! E Ele ainda é poderoso!

Saí da casa de Jack, dizendo a ele que me sentia muito doente e que voltaria quando me sentisse melhor. Eu sabia que nunca me sentiria melhor enquanto estivesse com ele ou olhando para ele.

Era como o momento na história do Tio Patinhas quando ele abriu os olhos, percebendo que tinha recebido uma segunda chance de viver, uma vida melhor. Eu tive minha segunda chance— bem, terceira, quarta e quinta chance— e eu estava grata por elas agora! Agora eu entendia todos os encontros malucos que estavam acontecendo comigo, (pelo menos de uma forma pequena). Eu não estava louca— eles não eram tudo coincidências. Eu estava convencida de que Deus era real e estava cuidando de mim. (Este definitivamente não era um trabalho que eu teria desejado— e um trabalho corrido, ainda por cima!)

Deus realmente me enxergou e me respondeu!

No entanto, havia algo mais do que apenas Deus respondendo à minha oração; era como se Deus tivesse me respondido! Deus me respondeu. Espera aí, Deus me respondeu? Eu nem sabia que Ele realmente podia fazer isso! Acho que me senti amada pela primeira vez em muito muito tempo. Foi tão bom! Mas ainda assim eu me perguntava: "Por que eu?"

PERGUNTAS PARA VOCÊ

1. Você já passou por um momento de quase morte ou por um grande susto? Qual foi o seu momento mais baixo? Você já parou para se perguntar por que sobreviveu? As histórias podem ser diferentes para cada um de nós. Talvez tenha sido sua mãe quase abortando você; talvez um acidente de carro; talvez uma tentativa de suicídio, uma overdose, um abuso ou algum tipo de acidente na infância. Seja o que for, você já parou para pensar: "Por que estou vivo?" Se não, pare e pergunte isso agora. Escreva a resposta.

2. Alguma vez o seu orgulho já foi mais forte do que o seu desejo pela verdadeira liberdade? Aonde esse orgulho te levou? Por que você protegeu (ou protegeria) uma falsa liberdade? Você já teve medo de outras pessoas compartilharem a verdade com você?

3. Você já teve um encontro com Deus, ouviu o sussurro d'Ele, sentiu todos os pelos dos seus braços se arrepiarem? (isso pode ter sido a presença d'Ele trazendo paz ou uma presença demoníaca se o que te cercava era maligno), sonhou sonhos de Deus que não eram "normais" (e não estou falando da pizza estragada que você comeu na noite anterior), ou algo parecido? Essas são diferentes formas de encontrar Deus. Se você já teve um encontro com Ele, escreva alguns desses momentos que mais marcaram você.

4. Se você não se lembra de ter encontrado Deus antes, peça a Ele agora para senti-Lo ou ouvi-Lo. Apenas pare, convide Sua presença para vir onde você está, espere e ouça. Ouvir Deus em Sua presença é fácil. Então, agora mesmo, peça a Ele para se aproximar de você e diga: "Fala, Senhor; Teu servo está ouvindo." (Samuel fez essa oração quando criança na Bíblia, e Deus falou com ele!). Mais tarde, escreva o que você sentiu ou ouviu. Pode ter sido paz, alegria, amor, perdão ou esperança— algo especificamente Dele.

5. Você consegue parar para agradecê-Lo pelos momentos em que Ele te salvou ou te livrou do mal? Você consegue parar para agradecer a Ele pelos momentos em que Ele te "guardou" em situações difíceis— quando poderia ter sido pior, mas você está aqui agora para testemunhar sobre isso? Você consegue parar para agradecer a Ele pelos momentos em que Ele te salvou de coisas que você ainda desconhece? Escreva pelo que você é grato a Deus.

É HORA DE ESCREVER A SUA HISTÓRIA...

6

UMA REVIRAVOLTA

Eu frequentava a igreja aos domingos com minha mãe e meu padrasto de forma consistente. Comecei a construir um bom relacionamento com os dois. Na verdade, isso rapidamente passou de bom para ótimo! A raiva e a rebeldia estavam me deixando. Eu não queria mais fazer parte daquilo. Meu coração estava sendo amolecido e curado de tantas feridas. De repente, eu amava meu padrasto. Eu nunca tinha percebido tudo o que ele havia sacrificado para cuidar de todos nós, e passei a ser muito grata. Me senti péssima pela maneira como tinha tratado minha mãe e meu padrasto. Eu tinha me aproveitado deles de todas as formas e mentido para eles por anos! Eu os odiava por tentarem me proteger. Eu estava cega, mas meus olhos foram abertos e consegui enxergar claramente pela primeira vez em muito tempo. Finalmente, eu conseguia sentir amor. Minha vida foi transformada de forma rápida e sobrenatural!

Um dia, depois de um culto de uma igreja nova que eu estava freqüentando, corri para casa empolgada por causa do culto daquele dia. Minha mãe abriu a porta da frente, e eu não conseguia contar rápido o suficiente tudo o que tinha acabado de viver na igreja. Minha mãe olhava para mim, sem acreditar e disse: "Onde está a minha filha e o que você fez com ela?" Todo mundo ao meu redor estava em choque com a mudança tão dramática. Eu tinha passado de uma pessoa cheia de ódio, rebelde, egoísta e viciada para alguém com uma nova obsessão: aquela voz— uma nova presença na minha vida que estava mudando tudo de forma milagrosa!

Meus amigos também não me reconheciam! Eles não sabiam como me tratar ou falar comigo. De vez em quando, me convidavam para festas, achando que eu sentia falta daquela vida— mas, na verdade, eu não sentia. Eu até sentia falta de alguns relacionamentos, mas não queria nada que viesse junto com eles. Eu sabia que aqueles amigos ainda estavam presos naquele estilo de vida, e eu queria tirá-los de lá, mas percebi que eles não conseguiam enxergar— eles estavam cegos por aquilo, (assim como eu estive por tanto tempo). Eles ainda não estavam prontos para serem salvos daquilo, e eu sabia que ainda não era forte o suficiente para carregá-los enquanto tentava mudar a mim mesma. Foi definitivamente difícil para mim. Eu queria que eles experimentassem o que eu havia experimentado, mas, no fundo, eu sabia que precisava de uma transformação completa e de uma vida consistente com Deus antes de começar a tentar transformar outras pessoas.

Eu tinha passado de uma pessoa cheia de ódio, rebelde, egoísta e viciada para alguém com uma nova obsessão: aquela voz— uma nova presença na minha vida que estava mudando tudo de forma milagrosa!

Logo descobri que eu não poderia mudar os outros se eles mesmos não quisessem mudar, (é só olhar para a minha vida!). Eu resisti à mudança o tempo todo, até que minha mãe me forçou (com a ajuda de uma intervenção divina), para o meu próprio bem (e como sou grata por isso!). Nem todo mundo está disposto a se render, mesmo quando alguém usa uma abordagem mais firme com eles. Às vezes, a vida da pessoa está tão escura que ela não consegue enxergar nem o menor brilho de esperança.

Eu era grata por ainda existir uma pequena chama acesa dentro de mim, porque foi aquela pequena chama que virou uma chama maior. E foi ela que me manteve de pé.

Mas ainda assim, o meu passado tentava com força me puxar de volta. Embora eu tivesse avançado muito rápido, a luta estava apenas começando! Muitas tentações me cercavam. Eu estava nas nuvens, o que me deixava vulnerável a enganos.

Era meu último ano do ensino médio, e todas as festas de formatura estavam sendo planejadas: a colação, o baile e por aí vai. Eu estava nervosa, mas, mais do que nunca, sentia dentro de mim uma firme decisão: eu não queria mais álcool, drogas ou sexo. Logo percebi que, na verdade, eu nunca quis nada disso. Eu queria o respeito e a atenção que aquele estilo de vida me trazia, e por isso acabei me tornando escrava dos vícios e dos relacionamentos— escrava do pecado. A tal 'liberdade' disso tudo era enganosa, porque a minha ideia de liberdade estava destruindo a minha vida. A rebeldia é sobre: lutar por uma liberdade que não é real, mas destrutiva. Lutar por uma liberdade que destrói você e aos outros— e isso não é liberdade de verdade. Liberdade de verdade traz autonomia e empoderamento. Nada na minha vida me libertava ou me fortalecia. Só me afundava mais em prisões e escuridão. Eu estava muito longe da liberdade.

―――――――――

Eu queria o respeito e a atenção que aquele estilo de vida me trazia, e por isso acabei me tornando escrava dos vícios e dos relacionamentos— escrava do pecado.

Observação: A rebeldia recusa conselhos, não aceita ajuda, nem se submete ou se rende ao que é melhor. Ela diz que você precisa fazer tudo sozinha e que deve fugir de todo relacionamento saudável e de todas as pessoas que realmente te amam. Ela faz você desejar exatamente aquilo que sabe que não é bom para você. A única forma de matar a rebeldia é através da humildade— e através da humildade você se submete a conselhos sábios, mesmo que não entenda naquele momento. Além disso, a rebeldia disfarça decisões erradas, fazendo parecer que são as decisões certas, e alimenta em você uma vontade de fazer exatamente o oposto do que o conselho certo está te dizendo.

O que é humildade? Humildade é sobre abrir mão do orgulho e da postura defensiva que surge dentro de nós. Humildade nos leva a ter conversas difíceis, para a verdade e negar a si mesma. Humildade é sobre aceitar ajuda e orientação e permanecer no processo.

Humildade é se submeter ao processo, (ninguém é transformado da noite para o dia) e permitir ser acompanhada. Significa ouvir as verdades difíceis que não queremos escutar, mas fazemos isso para melhorarmos, crescermos e sermos curadas. Humildade raramente é agradável no momento; na verdade, pode ser dolorosa, porque não é da nossa natureza! É tão fácil ser orgulhosa e se ofender— mas se humilhar? Humildade exige intencionalidade; exige paixão; exige um coração totalmente entregue pela verdadeira liberdade! E eu te prometo: o fruto da humildade vale cada momento difícil!

Todo mundo tem fraquezas, mas aqueles que superam suas fraquezas são os que estão dispostos a enxergá-las, ser honestos sobre elas e trabalhar nelas. Humildade também é admitir quando estamos erradas e pedir perdão às pessoas que magoamos. É assumir a responsabilidade pelas coisas erradas que fizemos. Esse nível de humildade traz cura.

Existe algo poderoso em se humilhar, em admitir seus erros e pedir ajuda— isso te torna mais sensível. A humildade derruba as muralhas que construímos ao redor do nosso coração. Ela permite que a gente ame de novo e receba amor. Quando conseguimos amar de verdade e receber amor, isso muda a forma como enxergamos a vida. A vida se torna muito mais preciosa quando existe amor. De repente, você começa a valorizar aquilo que desprezou em outras fases da vida.

A família passa a importar. Relacionamentos saudáveis com as pessoas ao seu redor passam a importar. Sua saúde passa a importar. E você volta a viver com convicção. Convicção é algo lindo; é a sua melhor forma de responsabilidade— porque ela permanece com você, mesmo quando ninguém mais está. É aquela voz que te lembra o que é certo e o que é errado. É aquele aperto no estômago para fazer a escolha certa; é aquele direcionamento que te afasta do caminho mau e te coloca na direção certa.

Convicção também aparece depois de uma má decisão, para te posicionar ao arrependimento e impedir que você repita o erro. Você nunca será perfeita, mas quando falhar, a humildade alimentará a sua convicção para manter você submissa e firme no seu caminho de liberdade.

Convicção é algo lindo; é a sua melhor forma de responsabilidade— porque ela permanece com você, mesmo quando ninguém mais está.

As festas vieram e se foram. Eu me lembro de ter ido a uma festa e dito a duas amigas minhas que eu seria a motorista da vez, porque eu estava preocupada com elas— preocupada! Eu não sentia preocupação há muito tempo. Preocupação geralmente faz você tomar a decisão errada. Ouça a convicção, não o medo ou a preocupação. Fui a uma festa de formatura e sentei em um banco bem afastada de onde todos estavam bebendo e dançando, e conversei com uma velha amiga com quem eu não andava há um bom tempo, (provavelmente porque ela nunca tinha tinha o hábito de beber ou de ir a festas), enquanto observava todo mundo ficar bêbado. Quanto mais bêbados eles ficavam, mais vinham até mim, tentando me convencer a beber com eles. Ouvi de tudo: "Nosso último ano só acontece uma vez", "Você mudou tanto— precisa voltar a ser divertida como antes" e por aí vai. Mas eu recusei. E quanto mais insistiam, mais irritada e irredutível eu ficava. Não fiquei muito tempo e convenci as minhas amigas a irem embora cedo comigo.

Percebi que eu nem deveria ter ido, mesmo sendo a motorista da vez. Bastava um deslize. E essa foi a última festa que eu fui.

Preocupação geralmente faz você tomar a decisão errada. Ouça a convicção, não o medo ou a preocupação.

BAILE DE FORMATURA

Fui ao baile de formatura com um amigo de infância, que conhecia desde o jardim de infância. Para ser sincera, fui só pela oportunidade de usar um vestido bonito e me arrumar toda! Ficamos na festa por algumas horas, mas quando todo mundo saiu para ir às festas e se hospedar em hotéis, eu pedi para ir embora. Minhas amigas não acreditaram. Lá estava, nosso baile de formatura, e todo mundo ia ficar em hotéis lindos e festejar a noite inteira— mas tudo o que eu queria era ir para casa e ficar sozinha!

O cara com quem eu estava respeitou isso, então me levou direto para casa. Meu pai ficou chocado em me ver voltar só algumas horas depois. Eu percebi que estava parecendo a 'estraga-prazeres', e não estava acostumada com essa sensação, mas logo me lembrei dos quartos de hotel imundos, das pessoas desmaiadas e da sensação horrível que eu sempre tinha na manhã seguinte, quando acordava sem lembrar de nada. Uma lembrança em especial veio à minha mente.

Anos atrás, ainda no ensino médio, depois de uma das festas da escola, todos nós fomos para a casa de um amigo. Estávamos todos bebendo e usando drogas, como de costume. Enquanto conversávamos, ouvimos uma discussão lá fora entre um traficante e um amigo nosso, que tinha acabado de começar a vender drogas. Fomos lá fora ver sobre o que estavam brigando, e a discussão logo virou briga. Ficamos assistindo, torcendo para alguém separar, até que o traficante (que era mais velho), puxou uma faca e começou a esfaquear nosso amigo! Alguém gritou: "Corre!" Minhas amigas e eu corremos para o carro de uma delas e saímos de lá. Ficamos arrasadas de ter deixado a cena daquele jeito, mas estávamos apavoradas e sabíamos que não havia nada que pudéssemos fazer. Literalmente corremos para salvar nossas vidas.

O cara que esfaqueou nosso amigo estava com um grupo de outros caras, e não fazíamos ideia do que poderia ter acontecido se a gente tentasse ajudar. Passamos a noite toda no telefone com um amigo nosso, que tinha levado o rapaz esfaqueado para o hospital, de tão preocupadas que estávamos. Graças a Deus, ele sobreviveu— mas por pouco. Também estávamos preocupadas de sermos testemunhas aquela noite.

Nós não sabíamos do que aquele cara era capaz— afinal, ele tinha esfaqueado nosso amigo bem na nossa frente! Nem preciso dizer que não dormimos direito naquela noite, pra dizer o mínimo. E depois de lembrar de tudo o que aconteceu, para ser bem sincera, eu fiquei feliz de estar na minha própria cama.

AMOR

Minha nova vida estava começando de forma incrível! Eu voltei a amar meus pais, embora ainda passasse por muitos altos e baixos com eles. Ainda havia muita rebeldia em mim, e eu estava acostumada a sempre me defender e cuidar de mim mesma. Voltar para um ambiente familiar depois de viver daquele jeito é uma mudança extrema, mental e emocionalmente. Entretanto, eu comecei a passar muito mais tempo com a minha família e deixei todas as drogas, o álcool, os furtos, as baladas e as coisas ilegais para trás. A parte de conseguir sentir amor de novo foi algo enorme para mim. Embora eu pudesse citar muitas outras coisas boas que mudaram na minha vida, a minha capacidade renovada de receber e dar amor foi, de longe, a maior transformação que aconteceu em mim.

Eu tinha tanto ódio e tanta raiva que só de tentar esconder isso, eu já me sentia exausta. Se meu namorado me traísse, eu fazia da vida da outra garota um inferno! Na escola, por três dias seguidos, eu joguei garrafas de suco na cabeça de uma garota. Também coloquei chiclete no cabelo dela durante um jogo de futebol americano, joguei um sanduíche no rosto dela e fazia qualquer coisa que eu imaginava para tentar humilhá-la— como se isso pudesse apagar a humilhação que eu sentia.

Uma vez, fiz meu namorado infiel me levar até a casa da ex-namorada dele, e juntos nós atacamos a casa dela com uma caixa enorme de ovos. Achávamos que os pais dela tinham viajado pelo fim de semana, mas aparentemente eles tinham mudado de ideia— porque, quando já estávamos quase no final da caixa de ovos, o pai da garota saiu correndo de dentro da casa, pulou em cima do nosso carro com o celular na mão e disse que ia chamar a polícia. Eu gritei para o meu namorado: "Acelera!", e ele acelerou, com o pai da garota pendurado no carro. Ele batia nos vidros, mandando a gente parar, mas ao invés disso, a gente acelerou mais e depois freou bruscamente, tentando derrubar ele. Ele ainda estava se segurando, mas então pulou (provavelmente com medo de morrer).

Quando eu lembrava desses momentos, me sentia horrível por tudo aquilo, envergonhada pelo que havia feito. Eu não conseguia acreditar no peso de convicção e dor que estava sentindo! Era como se meu coração tivesse aumentado de tamanho, tipo o do Grinch! Agora eu me importava com os outros, queria proteger e não mais odiar.

Eu me lembro de ter pedido desculpas a cada membro da minha família pela forma como tinha agido com eles. Pedi desculpas aos meus irmãos, porque percebi que a minha péssima influência poderia afetar muito o futuro deles. Eu sentia um peso enorme de culpa em relação a isso.

No meu último ano da escola, meu irmão Scott estava no primeiro ano. Lembro de ouvir sobre algo muito errado que ele tinha feito. Entrei no quarto dele para confrontá-lo, e ele ficou me olhando torto. Ele não entendia por que eu me importava tanto e sabia muito bem da minha reputação louca na escola. Lembro de ter me ajoelhado no chão do quarto dele e chorado, implorando para que ele não seguisse os meus passos e parasse com as coisas que já havia começado a fazer. Disse para ele aprender com os meus erros e não cair nas mesmas besteiras em que eu caí. Lembro dele me olhar confuso e dizer para eu não me preocupar com ele, mas sim comigo. Meu coração estava quebrado— mas pelas coisas certas dessa vez— pela justiça e pelo bem do meu irmão. Eu finalmente queria o melhor para ele e sentia vontade de protegê-lo. Mas, depois de uma vida inteira batendo nele, falando coisas horríveis e sendo o pior exemplo possível, ele não sabia como reagir à nova irmã que agora se importava. E isso foi o que mais partiu meu coração. Eu sabia que levaria tempo para consertar todas as feridas profundas que eu tinha causado e os relacionamentos importantes que eu tinha destruído.

Pedi perdão ao meu irmão mais novo pela forma como tratei nossa mãe e nosso pai e por ter sido a pior irmã que ele poderia ter tido como exemplo. Ele respondeu: "Você não precisa pedir desculpa! Você é a melhor irmã que eu poderia querer! Eu te amo, mana!"

Na hora, meus olhos se encheram de lágrimas, porque eu sabia que aquilo não era verdade e eu não conseguia acreditar que o meu irmãozinho tinha mais amor e sabedoria dentro dele do que eu. Naquele dia, ele foi um exemplo para mim. Isso me lembrou de um versículo da Bíblia: "O amor cobre uma multidão de pecados" (1 Pedro 4:8). Eu me sentia coberta— coberta de misericórdia e graça.

O GAROTO DA BANDANA

Poucos meses depois de ter largado as drogas, na primavera do meu último ano na escola, minha mãe e eu fomos a uma aula de ciclismo na academia. Depois da aula, suadas, saímos pela porta e minha mãe parou para conversar com um rapaz jovem que eu achava que não conhecia. Antes que eu pudesse entender quem era, minha mãe me chamou e disse: "Quero te apresentar a alguém."

"Ah, não", eu pensei. "Ela não está tentando me apresentar pra alguém, está?" Primeiro, eu tinha acabado de sair de uma aula de ciclismo— meu rosto estava vermelho como uma tomate, meu cabelo colado de suor e eu usando aqueles shorts justos de academia encharcados de suor. Segundo, eu ainda não tinha terminado oficialmente com o Jack, embora estivesse evitando ele completamente. Terceiro, eu tinha sido aceita na Universidade de Western Washington e planejava começar no outono para fazer faculdade de administração. Meu plano era abrir meu próprio negócio e me casar só lá pelos trinta e poucos anos. Eu não precisava e nem queria outro namorado. Estava cansada de homens depois de tudo o que tinha passado, e meu nível de confiança era zero. Mas naquele momento eu não tive escolha, então fui até lá e apertei a mão do rapaz. Percebi que ele era bonito, mas sinceramente, não me importei. Eu estava decidida a ficar longe de homens por um bom tempo. Minha mãe começou a conversar com ele, então percebi que eles já tinham se falado algumas vezes. E então ela me disse, com o maior sorriso do mundo, que ele era pastor de jovens. E eu estava pronta para sair correndo! O que eu iria dizer para ele? Com certeza ele não iria querer conversar com alguém "do meu tipo", então rapidamente encerrei a conversa e disse para minha mãe que esperaria por ela no carro.

Logo depois, eles saíram da academia e vieram em direção ao carro, antes de ele seguir para o outro lado e acenar dando tchau para mim e para minha mãe.

Na hora, eu me lembrei que ela já tinha me mostrado esse mesmo rapaz no ano anterior, na academia. Era o mesmo rapaz que sempre usava shorts de basquete e uma bandana na cabeça.

"E então, o que achou dele?", minha mãe perguntou, interrompendo meus pensamentos. "Ele é bonito, né?"

Eu respondi: "É, mãe, mas você sabe que eu ainda não terminei com o Jack, e não tenho certeza se estou pronta para outra pessoa—ainda mais um pastor de jovens!"

"Quem é Jack?", ela respondeu sarcasticamente. Eu não disse nada. (Ela estava certa.)

"Um pastor de jovens seria perfeito pra você", ela resmungou.

Algumas semanas depois, quando eu saía do meu carro para entrar no trabalho, vi o mesmo rapaz vindo na minha direção. "Ah, não", pensei. "É ele! O que eu vou dizer? Por que eu estou tão nervosa?"

Ele parou na minha frente e, com um sorriso enorme no rosto, disse: "Oi! Tudo bem?"

"Tudo bem, eu estou indo trabalhar agora", eu disse.

"Eu nunca faço isso", ele falou, "mas posso te pedir o seu número para a gente conversar qualquer dia?"

Eu não conseguia acreditar que ele tinha me pedido aquilo! Eu nunca dava meu número para ninguém— tinha namorado a escola inteira. Mas então pensei: "Ah, quer saber…", e dei o meu número para ele. (No fundo, eu sabia que talvez fosse bom ter a ajuda de um pastor de jovens!)

Claramente, a minha mãe não tinha falado nada sobre o Jack para ele! Entrei no trabalho com borboletas no estômago. Meu chefe (aquele que tinha se jogado em cima de mim uma vez) comentou que o rapaz tinha perguntado sobre mim. Eu pensei: "Ai, meu Deus, se ele soubesse o quão esquisita era a minha relação com o meu chefe!" Na hora, eu fiquei me sentindo sobrecarregada com a minha vida e intimidada pela vida que aquele rapaz parecia levar. Na minha cabeça, eu imaginava ele levando uma vida perfeita— e eu estava muito longe disso! Quer dizer, eu definitivamente ainda não estava tão bem assim. Se ele realmente me ligasse, o que eu ia dizer para um pastor?

Algumas noites depois, meu telefone tocou. Peguei o celular e vi que era ele. "MEU DEUS!", pensei. Fiquei com borboletas no estômago, de novo. O que eu iria dizer para ele? O que ele iria dizer para mim? Atendi o telefone e disse "alô", como se eu não soubesse quem era.

Ele disse: "Oi, é o Landon." "Ah, oi!", respondi.

Conversamos sobre coisas aleatórias por um tempo e, de repente, estávamos completamente envolvidos na conversa. Duas horas se passaram! Olhei no relógio e não acreditei. Comentei com ele quanto tempo a gente estava conversando, e ele disse que tinha aproveitado cada minuto. Eu percebi que ele estava sendo um pouco paquerador, mas pela primeira vez— eu gostei. Foi diferente de quando outros caras faziam isso comigo. Ele era carinhoso, mas não vulgar, (o que foi um baita alívio!). Todo rapaz carinhoso que eu tinha conhecido até então, tinha um único objetivo— sexo! Mas com ele, eu sentia que não era esse o caso. Não havia nada nele que me fizesse sentir insegura. Depois que desligamos, percebi como eu estava toda boba depois daquela conversa. Era estranho sentir tão rápido uma conexão tão profunda com alguém. Então me obriguei a dar um passo para trás.

A gente continuou conversando algumas vezes por semana, sempre por horas. Eu me convenci de que era bom falar com ele, já que ele era pastor e eu estava saindo daquele estilo de vida em que tinha vivido até pouco tempo. Conforme as conversas foram avançando, eu fiquei chocada com o quanto ele parecia interessado em mim. Eu não estava acostumada com um cara se importando tanto com as coisas que eu gostava de fazer ou que me faziam feliz. É claro que eu também perguntava coisas sobre ele e sobre o que fazia, mas ele nunca falava muito sobre isso. Era quase como se ele soubesse que se falasse demais sobre ministério, isso poderia me assustar. E, para ser sincera, eu não entendia muito o que ele dizia sobre isso mesmo. Afinal, eu tinha ido para o culto infantil quando era criança, mas fiquei cinco anos afastada enquanto curtia a vida louca, e só tinha voltado para igreja alguns meses atrás. Então, a gente só conversava e dava risada— e nunca queria desligar. Logo percebi que eu não tinha como evitar o que estava começando a sentir por ele.

IMPACTO

Uma noite, eu estava na casa do meu pai, conversando com o Landon pelo telefone já fazia um bom tempo. De repente, ouvi uma batida forte na porta da frente.

Meu pai atendeu. Na sequência, ele entrou no meu quarto dizendo que o Jack estava lá na porta e queria falar comigo. Eu não falava com o Jack fazia semanas! Falei para o meu pai que estava em uma ligação muito importante e para dizer que eu não estava. Só que o Jack sabia que eu estava lá porque meu carro estava estacionado na frente de casa— então meu pai, todo debochado, disse para ele: "Ela mandou dizer que não está aqui."

Jack começou a chorar e implorar para o meu pai ajudar ele a falar comigo. Meu pai voltou para o meu quarto. Enquanto eu ainda falava com o Landon no telefone, ele disse: "Filha, eu não consigo fazer ele ir embora! Ele tá sentado no sofá chorando. Você vai ter que falar com ele. Eu não posso fazer isso por você!"

Eu estava tão irritada com o Jack e aquelas lágrimas manipuladoras. Não tinha arrependimento nenhum nele, de verdade. A única coisa pela qual ele sentia "remorso", era por ser pego mentindo e traindo. De algum jeito, ele sempre fazia parecer que ele era a vítima, tentando me fazer sentir pena dele. Por que eu iria querer sair do telefone com um rapaz que me respeitava e se importava comigo, para falar com alguém que me tinha feito tanto mal por anos? Falei para o meu pai dizer para ele esperar até eu terminar a ligação.

Eu continuei falando com o Landon e acabei perdendo a noção do tempo, esquecendo completamente que o Jack estava lá fora esperando por mim. Coitado do meu pai, fazendo o possível pra tentar manter o Jack ocupado.

Em algum momento, a porta do meu quarto se abriu de repente— e lá estava o Jack, em pé. Meu pai não tinha mais conseguido segurá-lo lá fora. Mas eu não estava disposta a desligar o telefone. Minha personalidade forte nunca tinha desaparecido— pelo contrário, ela só tinha ficado ainda mais forte.

Landon perguntou o que estava acontecendo, e eu contei uma meia verdade: disse que um ex-namorado, (embora eu ainda não tivesse terminado oficialmente com ele), estava em minha casa e queria falar comigo, mas que eu não queria falar com ele. Jack, ao mesmo tempo, ficava me perguntando com quem eu estava falando— então eu disse que era com um pastor de jovens. Era verdade— e soava completamente inocente!

"Quer que eu vá aí te ajudar?" Landon perguntou. "Não", eu disse. "Eu consigo lidar com isso."

Landon me falou pra deixar ele na linha e avisar se eu precisasse. Então deixei o telefone em cima da cama e disse para o Jack que aquele não era um bom momento para gente conversar. Demorei uns dez minutos para convencer ele de que a conversa era inocente e que eu ligaria no dia seguinte, mas que não iria falar com ele sobre nada naquele momento. Para mim, aquilo era sobre não deixar ele ter controle sobre mim de novo. Ele sempre tinha mandado na relação porque eu achava que estava muito apaixonada e tinha medo que ele me deixasse. Eu nunca tinha tido coragem de terminar. O controle dele sobre mim, que permitia a ele fazer o que quisesse sem consequência nenhuma, tinha acabado. Eu estava pegando minha vida de volta, e agora haveria consequências— porque eu estava decidida!

Terminei a conversa com o Landon naquela noite e contei para ele um pouco sobre a história do meu relacionamento todo bagunçado com o Jack. Tentei ser breve porque ainda achava cedo para falar de tudo. No dia seguinte, liguei para o Jack e tentei dizer que estava tudo acabado. Ele disse que iria dirigir até um penhasco e se jogar se eu terminasse com ele. Ele gritava, chorava e ameaçava tirar a própria vida, tentando me fazer mudar de ideia e me sentir culpada. Pedia desculpas sem parar e jurava que iria mudar. Eu tentava terminar da forma mais leve possível, com a voz calma, até dizendo que poderíamos ser amigos— mas no momento em que falei que estava acabado, ele ficou ainda mais irracional. Por fim, eu disse que iria ligar para a mãe dele e contar tudo o que ele estava ameaçando fazer. Eu não conseguia lidar com aquilo sozinha— e nem queria mais. Eu estava tão cansada!

Liguei para a mãe do Jack e contei que ele estava ameaçando suicídio, e que alguém precisava ir buscar ele, mas que não seria eu. Ela disse que iria mandar o pai dele. Na hora, liguei de volta para o Jack e avisei que o pai dele estava a caminho, na esperança de que isso o acalmasse. Depois, encerrei a ligação.

Naquele momento, fiquei tão orgulhosa de mim mesma por não ceder à manipulação dele. Muitas vezes depois disso, o Jack ainda passou lá em casa e tentou me convencer de que poderíamos fazer as coisas funcionarem.

Toda vez, eu simplesmente pedia para ele ir embora e sempre adiava a conversa para outro momento. Eu estava exausta com seus altos e baixos emocionais. Percebi que o objetivo dele era me desgastar para me reconquistar, mas eu o detestava mais do que nunca, ele e todas as suas crises manipuladoras.

Depois de um mês conversando, Landon me convidou para sair.

Eu disse que sim, mas como estava muito nervosa para sair com um pastor de jovens, cancelei. Ele me convidou de novo. Eu disse sim novamente— e depois cancelei. Sem querer, eu estava ferindo o orgulho dele. Mesmo assim, ele esperava que a terceira vez fosse a certa. Ele me convidou de novo, mas dessa vez deixou onze rosas cor-de-rosa na minha caixa de correio com uma nota que dizia: "Tenho uma surpresa para você e sua décima segunda rosa cor-de-rosa— se você aceitar sair comigo amanhã à noite." Eu liguei para ele, agradeci pelas flores e disse que sairia com ele. Eu sabia que dessa vez precisava cumprir. Eu fiquei encantada pelas rosas, pelo bilhete e, no fim das contas, pela sua persistência.

No entanto, na noite do nosso encontro, aquela sensação de náusea voltou a subir em mim. Isso era sério. Será que eu realmente tinha mudado? Percebi que aquilo era mais do que um encontro para mim, mas mostraria se minha mudança era verdadeira, porque eu me recusava a deixá-lo pensar que eu era alguém que eu não era. Na verdade, pouco antes dele me buscar naquela noite, decidi que naquele encontro eu contaria tudo o que já havia feito. Achava que isso o assustaria para que eu não precisasse mais prolongar um fim óbvio. Antes mesmo do nosso encontro começar, minha vida imperfeita já estava se mostrando. Meu pai e eu tivemos uma grande briga, e ambos estávamos gritando e xingando um ao outro. Sem saber que Landon estava na porta da frente, eu parei, esperando que ele não estivesse realmente lá, mas então a campainha tocou. Eu me senti mal e envergonhada, novamente.

Abri a porta tentando sorrir. "Está tudo bem?", ele perguntou. Ele já estava tendo uma amostra da minha vida, e esta era eu progredindo! Ele estava entrando durante uma fase difícil de crescimento. Eu esperava que ele fosse embora, mas, para minha surpresa, ele ainda queria me levar para sair. Então, caminhamos até o carro, e ele abriu a porta para mim. Uau! Ele abriu a porta para mim! Definitivamente eu não estava acostumada com aquilo!

Olhei para o assento, e lá estava uma rosa cor-de-rosa, exatamente como a nota dizia. Esqueci completamente tudo o que havia acontecido com o meu pai. Peguei a rosa e entrei no carro. Saímos da garagem enquanto ele colocava uma música romântica em volume baixo para que pudéssemos conversar. Ele definitivamente estava me impressionando— com o seu melhor desempenho, com certeza! Naquela noite, ele me levou a Seattle, a um pequeno restaurante grego na praia de Alki, com uma vista linda para a água e um pôr do sol maravilhoso, e uma pizza vegetariana! Haha! Foi uma noite perfeita para mim, (e quase perfeita para ele, se tivesse carne na pizza).

Durante o jantar, ele fez pergunta atrás de pergunta sobre a minha vida. Eu me sentia como se estivesse em uma entrevista, mas acho que aquilo era coisa séria agora e ele precisava saber quem eu era, ou pelo menos pelo que eu já tinha passado. Como eu já tinha decidido que seria completamente aberta e honesta com ele sobre tudo e responderia todas as perguntas, não importava o quanto eu me sentisse envergonhada, foi isso o que eu fiz. Eu não queria ser falsa ou que ele gostasse de mim baseado em uma mentira, então contei tudo. Em muitos momentos, eu esperava que ele se levantasse e dissesse: "Vamos embora", e anunciasse que o encontro tinha acabado. Ele nunca fez isso. Fiquei surpresa com a compaixão dele pelo que eu tinha vivido e com o quanto ele queria cuidar de mim e me proteger. De novo, fiquei maravilhada com essa demonstração de amor, considerando todos os meus erros e comportamentos passados.

Algumas vezes, ele me olhou com uma expressão chocada enquanto eu contava algumas histórias, mas continuei até terminar de contar a maior parte da minha história. Quando estava quase terminando, ele me interrompeu segurando minhas mãos. Disse que gostava muito de mim e que queria namorar comigo. Prometeu que eu nunca mais teria que me sentir desprotegida ou envergonhada como antes. Disse que era virgem e planejava continuar assim até a noite do casamento, e que eu nunca precisaria me preocupar com ele desrespeitando meu corpo de nenhuma forma. Eu nem sabia o que dizer sobre isso. Eu não achava que um cara que vivesse assim ainda existisse. (Ele foi o primeiro que eu conheci!) Eu simplesmente me derreti— de novo!

Depois do jantar, Landon me levou até a praia, e nós caminhamos pela beira do mar, conversando sobre a vida e sobre o que ambos queríamos. Quando começou a fazer muito frio, voltamos para o carro dele. Entramos e ele me olhou, dizendo que estava realmente sério sobre ficar comigo e que queria um futuro comigo. De novo, eu não sabia o que dizer— parecia tudo tão rápido. Embora eu ainda tivesse problemas de confiança, meu coração batia diferente quando eu estava com ele e conversava com ele. Ele era diferente.

Quando chegamos no carro, ele disse que precisava falar comigo sobre algo muito importante. Eu disse: "OK, o que é?"

"Eu não quero que você fique brava comigo ou interprete isso da maneira errada", ele respondeu.

"Eu acho que já te dei a maioria das notícias chocantes hoje à noite, então fala logo", eu disse confiante de que não ficaria chateada.

Ele me contou que havia uma garota na igreja dele que todos (inclusive ela) achavam que eles iriam se casar, mas ele havia saído com ela algumas vezes, tentou fazer funcionar, e sabia no fundo que ela não era a pessoa certa.

"OK, e daí?"

Ele continuou dizendo que ainda não tinha contado para ela que ela não era a pessoa certa, e que ela ainda acreditava que ele era. Ele fez uma pausa, olhando para mim, acho que pensando que eu poderia chorar ou não querer mais ficar com ele.

"Ufa! Eu também!", eu disse. "O quê?", ele perguntou.

"Você sabe aquele cara que te contei que era meu ex-namorado, aquele que foi horrível comigo?", expliquei. "Eu também não consegui terminar tudo com ele totalmente, porque toda vez que tento, me sinto manipulada!"

Rimos juntos e ficamos no carro naquela noite, basicamente planejando como terminar e acabar com os relacionamentos em que estávamos! Nossas situações eram parecidas, embora a dele fosse definitivamente mais "igrejeira" do que a minha, e a minha um pouco mais dramática. Ambos precisávamos de um motivo e força para seguir em frente com aquilo que sabíamos que era o certo. Juntos, nos tornamos o motivo e a força um do outro para continuar.

Naquela noite, quando cheguei em casa, liguei para minha mãe e disse a ela que eu iria me casar com o Landon! Ela me lembrou que já era quase meia-noite, que estava muito cansada e que só tinha atendido porque ficou preocupada ao ver que eu estava ligando tão tarde.

"Que bom, querida", ela disse, sonolenta. "Mas lembra que você só tem dezessete anos. Mas fico feliz por você. Boa noite. Já é meia-noite. Boa noite."

"Mãe, eu vou mesmo me casar com ele! E amanhã é meu aniversário de dezoito anos!"

"A gente conversa mais amanhã, querida. Boa noite."

Eu não me importei com o horário! Eu não ia dormir naquela noite! Eu tinha passado de uma dependente de drogas, para alguém que queria ir para a faculdade e ser uma mulher de negócios, que não ligava para casamento, para conhecer o meu futuro marido! Landon ligou para o pai dele naquela mesma noite e disse que eu seria a esposa dele. Nenhum de nós sabíamos que o outro faria isso, mas ambos sabíamos que íamos nos casar.

MEU CONTO DE FADAS

Naquela noite, 8 de junho de 2003, foi o nosso primeiro encontro, no dia anterior ao meu aniversário de dezoito anos. Durante todo o verão do meu último ano de escola, eu esqueci de todo mundo da escola e me apaixonei perdidamente! Ele me levou para os encontros mais divertidos e românticos durante todo o verão. Nós escalamos montanhas, andamos a cavalo, fizemos piqueniques, descemos tobogãs em parques aquáticos, fizemos viagens longas de carro e fomos a praticamente todos os lugares e restaurantes românticos do centro de Seattle.

Teve um encontro em especial que eu nunca vou esquecer. Ele me buscou em casa e fingiu que iríamos alugar um filme e assistir na casa dele. Mas quando chegamos lá, em cima do sofá, havia um lindo vestido preto, salto alto e joias que ele tinha escolhido para mim! Ele me disse para me arrumar porque tinha uma noite inteira de surpresas planejada. Ele pegou emprestado o velho Impala azul claro de 1976 do pai dele, e seguimos em direção ao centro de Seattle.

Ele me levou a um restaurante incrível, à beira da água, com toalhas brancas sobre as mesas, luz de velas e comida deliciosa.

Depois do jantar, paramos em frente a uma das casas de ópera mais famosas e antigas de Seattle, com um letreiro enorme na frente escrito O Fantasma da Ópera! Eu nunca tinha ido a nada parecido. Eu estava tão animada! Nós demos as mãos o tempo todo. Eu não sabia se prestava atenção na ópera ou se pensava no quanto estava me apaixonando por ele— um amor incomparável ao meu relacionamento anterior. Naquela época, estávamos namorando havia apenas dois meses, e o que eu sentia por ele era único— algo que eu queria para a vida toda.

Depois da ópera, ele disse que queria me levar a mais um lugar. Caminhamos até um prédio alto bem ao lado da casa de ópera. Pegamos o elevador até o último andar. Ele tirou umas chaves do bolso e abriu a porta de um apartamento que pertencia à família dele. Pétalas de rosa e velas acesas por toda parte! E a nossa música romântica favorita estava tocando: "Kissing You", da Des'ree (do filme Romeu e Julieta). Ele pegou a minha mão e me levou até a varanda, e nós dançamos no último andar daquele prédio, com vista para Seattle, cercados pelas estrelas lá fora e pelas pétalas de rosa e velas lá dentro.

Será que eu estava sonhando? Eu sentia que aquilo não podia estar acontecendo comigo. Parecia um conto de fadas. Ele tinha me conquistado por completa! Não existia mais ninguém, só ele e eu. Toda vez que eu estava com ele, ele me fazia sentir assim.

Na minha formatura do ensino médio, lembro que só queria pegar o diploma e sair correndo daquele lugar— feliz por nunca mais precisar voltar! Não fui a nenhuma festa nem saí com amigos; só queria estar com o Landon. Minha mãe planejou uma festa de formatura para mim em casa, mas eu tinha feito questão de não contar para ele sobre a comemoração. Achei que ele ainda não estava pronto para conhecer toda a minha família. Porém, no meio da festa, ele apareceu! Eu não fazia ideia de como ele soube daquilo. (Provavelmente foi minha mãe quem o convidou.) Mesmo estando muito animada em vê-lo, fiquei super nervosa com a ideia de ele conhecer a minha família e os meus amigos. Todo mundo amou ele, claro, e minhas amigas ficaram super curiosas para saber quem era aquele cara novo. Elas não conseguiam acreditar que ele era um pastor de jovens!

Elas ficaram chocadas— e deixaram bem claro o quanto estavam surpresas por eu estar namorando um pastor de jovens! Eu fiquei estressada enquanto elas o bombardeavam de perguntas, mas ele levou tudo na brincadeira, me deixando tranquila de novo. Eu estava tão apaixonada.

Comecei a ir à igreja dele com ele, no centro de Seattle. E comecei a aprender muitas coisas sobre Deus que eu nunca tinha conhecido antes. Primeiro de tudo, a igreja dele parecia uma das minhas antigas festas— só que dentro da igreja! Era uma loucura! As pessoas dançavam e gritavam, as mulheres tocavam pandeiros... eu amava aquilo! Eu sempre tinha frequentado igrejas quietas— bom, pra falar a verdade, bem entediantes! Mas aquela igreja me prendia a atenção. Porém, o mais importante pra mim era que, ali, eu senti a presença de Deus pela primeira vez.

Nunca vou me esquecer daquele momento. O louvor estava acontecendo; todo mundo dançava, braços levantados para o céu— era intenso. Eu não entendia tudo o que estava acontecendo ao meu redor, mas fechei os olhos e levantei minhas mãos para ver se conseguia sentir o que eles estavam sentindo. Na mesma hora, eu senti uma paz sobrenatural que nunca tinha sentido antes! As lágrimas começaram a escorrer pelo meu rosto enquanto eu mantinha a cabeça abaixada. Eu senti ondas de amor, da presença Dele e da Sua paz. Era tudo tão maravilhoso que, ali, eu soube que era aquilo que eu queria que fosse o meu novo vício, a minha nova paixão, para o resto da vida!

Até aquele momento, eu não sabia que dava para conversar com Deus e que Ele realmente falava com a gente— ou que dava para senti-Lo. Eu não sabia quase nada sobre o Espírito Santo. Mas comecei a aprender, e enquanto eu me apaixonava pelo Landon, eu também estava me apaixonando por Jesus! Na verdade, o Landon era para mim uma representação do amor e da misericórdia de Deus.

Eu nunca tinha sentido aquilo por Deus antes. Era tão íntimo, tão próximo, tão intenso. Eu sentia amor por Deus e gratidão a Ele. Eu queria conhecê-Lo mais! Eu percebi que, na verdade, eu vinha tendo encontros com Deus há anos, mas nunca tinha percebido que era Ele! Entendi, de forma muito maior, o quanto Ele está envolvido na nossa vida, o quanto se importa e que Ele realmente tem um plano para cada um de nós! Eu sentia tanto amor ao meu redor, em minha direção, e por Deus! Mal podia esperar para conhecê-Lo mais!

Em uma noite, depois de um dos nossos encontros, paramos o carro em frente à minha casa e Landon me perguntou se eu queria orar com ele e pedir a Deus o dom de línguas.

Eu já tinha ouvido pessoas na igreja dele falando em línguas antes, mas não sabia o que era, então ele me explicou o que significava falar em línguas. Eu fiquei um pouco assustada com o que imaginava que fosse e pensei que aquilo não era para mim. Ele me explicou que era uma linguagem entre a pessoa e Deus, que fortalecia o espírito da pessoa e que era algo normal, não uma coisa estranha. Ele me disse que era um dom e uma arma espiritual que edificava os cristãos e confundia os demônios. Eu ouvi o que ele disse e gostei de ver ele falando sobre aquilo, mas não tinha certeza se estava pronta para isso. Acho que eu estava ainda mais nervosa com a possibilidade de orar e não receber. Então, por medo, disse a ele que achava melhor deixar para outro momento. Apesar da minha hesitação, ele disse que sentia que era a hora. Pegou minha mão e disse que íamos orar juntos. Eu estava tão nervosa! Eu não queria orar na frente dele! E se eu falasse algo bobo ou não soubesse orar direito? Eu tinha acabado de começar a orar, e ele orava a vida inteira! Falei que não sabia o que dizer, então ele me disse o que falar e que primeiro ele oraria por mim, e depois eu poderia orar o que estivesse no meu coração. Ele me garantiu que não existia certo ou errado para orar.

Ele me disse que era um dom e uma arma espiritual que edificava os cristãos e confundia os demônios.

Landon orou por mim e, quando percebi, chegou a minha vez. Já falei que eu estava nervosa? Pois é— muito! Fiquei alguns momentos em silêncio, e ele me cutucou de leve, sussurrando: "Sua vez." Finalmente, abri a boca e comecei a pedir a Deus o dom de línguas e que Ele me enchesse com a Sua presença. Landon começou a orar em línguas no fundo. Eu fiquei só esperando, até que, de repente, senti uma presença suave me envolver, então abri a boca— e comecei a falar em línguas! "Meu Deus! Que sensação incrível! Quem precisa de drogas com essas coisas incríveis de Jesus?", eu pensei. Fiquei tão feliz que ele tinha insistido comigo, porque acho que eu nunca teria dito a ele que estava pronta— porque eu tinha medo. Mas ele tinha percebido o tempo todo. Depois de orarmos em línguas juntos por alguns minutos, nós dois paramos, apenas sentindo aquela presença suave e pacífica que encheu o carro. Essa era a paz que virou meu novo vício: a presença de Deus! Eu finalmente O encontrei e estava cheia dEle!

> **Observação:** sempre me perguntei por que as pessoas são tão abertas para as drogas, que dão sensações de euforia e visões estranhas e perturbadoras, mas acham estranho que Deus possa dar visões e experiências assim. Deus não é, digamos, um "pouquinho melhor" que uma droga? Eu realmente não entendo isso— e estou dizendo isso como alguém que já esteve dos dois lados. Sem a presença de Deus e o dom de falar em línguas, eu não teria chegado onde estou hoje. Foram essas coisas que me trouxeram libertação de verdade, cura e força quando eu mais precisei, e que me impediram de voltar para a minha antiga vida toda vez que as coisas ficavam difíceis. Se você quiser esse dom na sua vida, pode orar agora mesmo, assim como eu fiz, pedindo a Deus por esse presente. (E se você ainda não convidou o Senhor para ser o Senhor da sua vida, no final deste livro tem essa oração, que você pode fazer agora mesmo! Depois,

é só pedir ao Espírito Santo que te encha e te conceda o dom de falar em línguas!)

Eu penso nisso como mãe. Eu preferiria muito mais ver meus filhos apaixonados por Deus e pela Sua presença do que usando drogas— mesmo que eu não entendesse totalmente! Afastar os filhos de Deus nunca fez sentido para mim. Descobri que, geralmente, quem tenta afastar outras pessoas de Deus é porque teve uma experiência ruim com alguém que se dizia cristão, (ou que se comportava como se fosse), e acabou deixando essa pessoa ocupar o lugar de Deus na vida dela. Mas Deus é muito maior do que qualquer pessoa. As pessoas vão errar, não importa quem sejam, porque são pessoas! Ninguém é perfeito! E se nem você consegue ser perfeito, por mais que tente, por que exige isso dos outros?

Você deve perdoar, para que a sua alma e o seu espírito não se tornem amargurados. Se você escolher viver uma vida de amargura contra Deus, vai acabar tomando decisões egoístas— e isso muitas vezes influencia outras pessoas, até mesmo seus próprios filhos e familiares, a se afastarem de Deus, que na verdade nunca fez nada para te ferir! Ele é o único que é perfeito!

Resumindo: Nós não podemos deixar as pessoas ocuparem o lugar de Deus na nossa vida! Senão, viveremos sempre decepcionados. É por isso que ter um relacionamento com Deus é tão importante. O cristianismo não se trata de religião e regras— é sobre relacionamento, sobre encontros diários com o Senhor. Encontros diários são simplesmente passar tempo em Sua presença, lendo a Bíblia, orando, conversando com Ele e adorando todos os dias! Esses encontros vão transformar sua vida! Não tem como você passar tempo com Deus todos os dias e não crescer! O problema é que, muitas vezes, as pessoas constroem relacionamentos com outras pessoas na igreja, mas não constroem um relacionamento íntimo e constante com o Senhor. E aí, quando alguém as decepciona ou as machuca, elas abandonam a igreja e assumem uma postura de "tô nem aí pra Deus." Isso não faz sentido. Se eu brigasse com você e falasse coisas horríveis, você não passaria a odiar minha mãe— você ficaria chateado comigo. Da mesma forma, não coloque suas frustrações com pessoas sobre Deus. Lembre-se: Deus é quem está lutando por você. Ele te ama de um jeito que nenhuma pessoa seria capaz de amar. (Se quiser descobrir qual a melhor maneira de você se conectar com Deus nesses encontros diários, acesse: www.mercyculture.com/encounter).

Agora, também teve outros passeios de carro com o Landon que não foram tão... digamos, mágicos! Eu ainda estava no comecinho do meu processo de transformação— nem tudo mudou da noite para o dia. Um dia, estávamos indo buscar meu irmão na casa de um amigo. Estávamos conversando, distraídos, e eu percebi que tinha esquecido de avisar o Landon para virar à direita uns dois quilômetros antes. Eu gritei: "Droga! Faz o retorno! A gente passou!"

Provavelmente eu xingava umas cem vezes por dia, pelo menos, antes de conhecer o Landon. Eu já tinha melhorado bastante desde então, mas de vez em quando ainda escapava.

O carro ficou em silêncio. Eu olhei para ele e perguntei: "O que foi?" Ele me olhou com aquela expressão de "Sério isso?"

Eu não entendi. "O quê?"

"A boca fala do que está cheio o coração", ele disse. Estava citando Lucas 6:45 para mim.

Afundei no banco, murmurando: "Opa, desculpa."

Ficamos os dois olhando pela janela, com um leve sorriso no rosto— eu, morrendo de vergonha por dentro, e ele, provavelmente rindo muito por dentro também. Eu precisava daquela correção.

Afinal, eu queria mudar. Era como tentar emagrecer: eu estava me esforçando, mas de vez em quando dava uma mordida no bolo! E o Landon estava lá para tirar o resto do bolo da minha mão— e mais tarde eu agradeceria por isso.

Como a verdade estava ficando cada vez mais clara para mim e o meu coração estava se tornando mais sensível, eu comecei a ter muitas perguntas sem resposta. Eu não conseguia entender como meu pai tinha deixado eu fazer tudo o que fiz sem se importar, ou como, agora que eu estava frequentando a igreja mais do que nunca, eu estava me sentindo mais envergonhada do que nunca! Porque quanto mais clareza eu tinha, mais peso sentia com essas questões não resolvidas, e comecei a trabalhar em níveis mais profundos para quebrar maldições hereditárias na minha vida. Maldições hereditárias são fraquezas ou problemas que são passados para nós por nossos pais, avós e antepassados). De repente, eu realmente comecei a me importar com o que as pessoas pensavam sobre mim— não de um jeito inseguro, como antes, mas porque eu queria ter uma boa reputação! Eu não queria simplesmente esquecer a vida que tinha vivido e pular para um novo corpo, vivendo uma vida nova; eu queria lembrar do meu passado e nunca esquecer, para que nunca perdesse minha gratidão a Deus! Eu queria passar pelo processo de mudança verdadeira, e não por mudanças falsas, forçadas ou temporárias. Eu estava cansada disso tudo. Tinha vivido com máscaras por muito tempo. Eu queria ser verdadeira— a verdadeira eu, aquela que Deus sonhou quando me criou! Mas aquilo estava sendo bem mais difícil do que eu imaginava. Descobri que muita gente na igreja queria esconder o seu passado ou os seus erros e olhava por cima enquanto julgava os erros dos outros.

Eu era uma dessas pessoas que alguns cristãos olhavam da cabeça aos pés. Isso é sinal de um espírito religioso— e a Bíblia mostra que Jesus se irritava com isso. Aqui estão algumas palavras do próprio Jesus, em Mateus 23:27-28, dirigidas a um grupo de religiosos da Bíblia chamado fariseus, com quem Ele sempre confrontava: "Ai de vocês, mestres da lei e fariseus, hipócritas! Vocês são como sepulcros caiados: bonitos por fora, mas por dentro estão cheios de ossos e de todo tipo de imundície. Assim são vocês: por fora parecem justos ao povo, mas por dentro estão cheios de hipocrisia e maldade".

Lembre-se: Deus é quem está lutando por você. Ele te ama de um jeito que nenhuma pessoa seria capaz de amar.

Os fariseus eram apenas um dos grupos religiosos mencionados na Bíblia, que conheciam as Escrituras de cor, tinham tudo decorado e supostamente deveriam conduzir o povo à justiça e a uma vida correta diante de Deus. Mas Jesus percebeu exatamente como eles eram. Ele enxergava que tudo aquilo era só aparência— roupas chamativas, discursos e posturas exageradas— tudo um grande teatro. Eles faziam aquilo para atrair as pessoas para si, e não para Deus. Buscavam sua própria glória, não a glória do Senhor. É por isso que Jesus os comparou a sepulcros caiados, que parecem puros e bem cuidados por fora, mas estão cheios de morte e ódio por dentro. Isso era o que mais irritava Jesus, porque transmitia para as pessoas uma imagem completamente errada de Deus— o Senhor dos filhos e filhas dEle. Os fariseus queriam a influência sobre o povo, o aplauso das multidões. Mas quando Jesus chegava às cidades, as multidões corriam para perto dEle. Ele curava os doentes, amava os de coração partido e expulsava demônios dos oprimidos! Ele amava as pessoas! Jesus foi enviado como o Messias, o único Filho de Deus, para salvar o mundo e nos resgatar dos nossos pecados, para que nós não precisássemos passar a eternidade no inferno. A entrega de Deus ao dar Seu Filho, e a entrega de Jesus ao dar Sua vida por nós, foi o que conquistou vitória completa sobre a religião, sobre a morte e o pecado.

É por isso que os fariseus tinham tanta inveja de Jesus, porque as pessoas corriam para Jesus, e não mais para eles. Jesus tomou para si a glória que de fato Lhe pertencia, que a religião tentava usurpar. E então, Ele entregou Sua vida na cruz— e a Bíblia diz que, no momento em que Jesus entregou Seu espírito, o véu do templo se rasgou de alto a baixo. A terra tremeu, e os mortos ressuscitaram! O sacrifício de Jesus significa que Ele comprou para nós o acesso direto ao Rei dos reis para termos encontros diários com a Sua presença! Não precisamos mais passar por um sacerdote ou pastor para ouvir Deus ou receber perdão; podemos ir direto a Ele! A entrega de Jesus também significa que somos perdoados, se pedirmos. Se crermos nEle, nos arrependermos dos nossos pecados e permitirmos que Ele seja o Senhor da nossa vida, Ele vai responder! Se tomarmos essa decisão, em um instante somos perdoados e capacitados pela Sua graça para vencer e viver uma nova vida em Cristo! Sim— somos capacitados não só para passar a eternidade com Ele no céu, mas para viver uma vida livre aqui na terra, cheia do Seu poder e da Sua força, para compartilhar as Boas-Novas com outras pessoas, para que elas também possam escolher segui-Lo!

Isso significa que, ao escolher uma igreja, encontre uma igreja que não pregue condenação nem vergonha. Se, ao procurar uma igreja, você perceber que falam mais sobre o que Deus não pode fazer do que sobre como Ele pode agir, você provavelmente encontrou um sepulcro caiado. Na verdade, uma igreja verdadeira precisa permitir que Deus se mova da forma que Ele quiser— se for realmente a casa Dele! Você vai acabar ferido e amargurado em uma igreja que não carrega a presença de Deus, mas que tenta controlar o que Ele pode ou não pode fazer. Não foi por isso que Cristo morreu! Se nesta igreja estiverem pregando que mulheres não podem liderar, pregar ou ensinar— você está em um sepulcro caiado! Se estiverem dizendo que crianças não podem profetizar— é um sepulcro caiado! Se não crerem nos dons do Espírito, inclusive no falar em línguas, ou disserem: "Aqui isso não pode", é sepulcro caiado. E, da mesma forma, se estiverem aprovando atitudes que não são bíblicas, chamando o errado de certo, também é um sepulcro caiado.

Lembre-se, Jesus disse no final de Mateus 23:28, "Vocês estão cheios de hipocrisia e maldade." A maldade é a permissão para viver uma vida de injustiça! É rebelião contra Deus e contra os Seus caminhos. A gente vê isso em muitas cidades grandes, onde os lugares estão se deteriorando por causa da impiedade e da rebeldia contra Deus. Mas a maldade e o pecado não destroem só cidades—eles destroem almas!

Nós vamos nos tornando menos compassivos e humanos quando passamos a dizer que é direito de uma mulher assassinar um bebê dentro ou fora do ventre. Há consequências espirituais por apoiar o mal desse jeito. Existem falsos líderes espirituais que apoiam movimentos pró-aborto e conduzem as pessoas à rebeldia contra Deus. Se você já encontrou uma igreja ou um líder que faz isso, saiba: é um sepulcro caiado! Mas a melhor notícia de todas é que Jesus venceu o túmulo e ressuscitou ao terceiro dia! Ele é o Caminho, a Verdade e a Vida! Se você seguir os caminhos e a verdade dEle, você terá vida!

Logo no começo, eu me lembro de sentar na primeira fileira enquanto o Landon pregava. Quando ele dizia para a gente abrir em algum livro da Bíblia (tipo Gênesis), eu precisava ir primeiro no índice para ver onde ficava Gênesis. Os amigos dele e outros líderes olhavam para mim enquanto eu procurava e riam discretamente da minha falta de conhecimento. Parecia tão bobo, porque no fim das contas, todos nós estávamos ali pelo mesmo motivo, um Salvador. Todos nós precisávamos ser salvos!

Aos poucos, pequenas ondas e momentos de vergonha começaram a surgir conforme nosso relacionamento ia se tornando mais público— por sermos tão diferentes e por causa de quão cruel o espírito religioso pode ser. Eu estava prestes a viver a fase mais difícil da minha vida.

A maldade é a permissão para viver uma vida de injustiça!

Alguns meses depois de começar a namorar o Landon, fui para a faculdade, a algumas horas de onde ele morava. Eu estava muito emotiva por deixá-lo, mas animada com a faculdade. Estava nervosa de ficar longe do meu "porto seguro"— de casa e do Landon. Aquele era o meu teste. Longe dele, será que eu conseguiria permanecer firme? Será que toda a vergonha que eu sentia pelo meu passado poderia ser curada? Minha frustração com o meu pai, por ter me dado tanta liberdade— será que eu conseguiria perdoá-lo? Será que eu estava pronta para o que viria a seguir?

PERGUNTAS PARA VOCÊ

1. Você está vivendo na amargura ou na culpa? A amargura e a culpa são os maiores obstáculos para o seu crescimento e cura. Em quem você tem culpado pelos seus erros e falhas, se sentindo "justificado"? Use este momento para escrever sobre assumir a responsabilidade pelas suas próprias ações. Isso vai te libertar! Humilhe-se agora escrevendo o que você fez de errado e quais consequências vieram pelas suas escolhas erradas.

2. Você já encontrou o espírito religioso? Na igreja? Em líderes ou outros cristãos? Escreva sobre isso. O que isso causou em você? Que crenças erradas isso fez você ter sobre Deus ou sobre a igreja? Em que você ainda está se apegando por causa disso?

3. Você tem encontros diários com o Senhor? Se não, você deseja ter um relacionamento diário com Ele? Se sim, escreva sobre como isso é ou como você gostaria que fosse, quais são os seus objetivos (por exemplo: ler a Bíblia toda este ano; ouvir a voz de Deus consistentemente; obedecer melhor o que Ele te manda fazer; ouvir só música de adoração e parar de ouvir música secular; compartilhar mais suas dúvidas, medos, fracassos e vergonha com Deus regularmente). Anote o que você precisa e deseja do Senhor no seu relacionamento com Ele.

4. Agora escreva uma carta para o Senhor, trocando o perdão, a misericórdia e a graça dEle pelos seus erros e pecados. Misericórdia é a bondade que não merecemos, e graça é o poder pelo sangue dEle para vencer o pecado! É humildade reconhecer que não merecemos uma segunda chance, mas Deus é tão bom que nos dá essa chance de viver uma nova vida com Ele e, além disso, uma vida abundante! Liberte a culpa e a amargura nesta carta ao Senhor, e declare em alta voz: "Eu recebo Sua misericórdia e graça, Senhor! Eu recebo Seu perdão, Senhor!" Entregue a Ele a dor que você sentiu por causa do espírito religioso e convide a cura dEle para vir e te preencher.

É HORA DE ESCREVER A SUA HISTÓRIA...

7

CURA

Um homem sábio certa vez disse: "Milagres acontecem em um momento, mas a cura ao longo de uma estação." Eu já tinha obtido os meus milagres: ser liberta do vício em drogas em um instante, ser salva de inúmeras experiências de quase morte, encontros sobrenaturais e por aí vai. Eu tinha recebido muitos milagres e era grata por eles. No entanto, depois dos milagres, eu precisava de cura interior. Eu queria que essa cura também acontecesse em um instante, mas havia coisas demais que precisavam ser trabalhadas, padrões e hábitos que precisavam ser quebrados. Preciso dizer, se submeter ao processo de cura é a coisa mais difícil que você vai fazer, mas, sem sombra de dúvidas, é a coisa mais recompensadora que você também fará!

Certa vez, na faculdade, eu precisei ser supervisionada! Eu estava sozinha, cercada por todas as tentações ao meu redor. Landon e eu nos beijamos pela primeira vez pouco tempo antes de eu ir para a faculdade (muito romântico, por sinal!) e com o tempo, se tornou o meu mentor. Foi uma mudança e tanto, mas eu precisava disso. Eu estava feliz de tê-lo na minha vida, da forma que fosse. Ele me fazia ler livros. Minha primeira tarefa foi o livro, *Bom Dia, Espírito Santo*, de Benny Hinn. Eu amei, e amei aprender.

Encontrei um grupo de jovens universitários em uma igreja, perto do campus para frequentar e tentei ler minha Bíblia todos os dias.

Landon me visitava sempre que podia, às vezes fazia aquela longa viagem depois de um culto só para me levar para tomar um café e me entregar dinheiro para a semana. Eram esses os momentos que eu mais esperava— as visitas dele. Mas, quando ele ia embora, eu voltava a lutar.

> **Observação:** Por que eu *digo lutar*? Qualquer pessoa que já saiu de um estilo de vida como o meu, ou de algo muito difícil, sabe que mudar esse padrão de vida é uma batalha diária. Apesar de ir ficando um pouco mais fácil com o tempo, isso exige autodisciplina e um coração firme, que se recusa a desistir.
>
> Desistir é tão fácil e, às vezes, tão tentador. Não faz sentido— e quando algo não faz sentido, geralmente é espiritual. Eu estava enfrentando novas doses de batalha espiritual. Ela ficava evidente quando, nos dias difíceis, a ideia de voltar para o estilo de vida antigo que me destruía começava a me atrair de novo. Você precisa traçar uma linha na areia e *decidir que nunca vai desistir*! Tudo é possível com Deus!

Eu estava cercada por coisas do meu passado, e era a primeira vez que eu precisava me firmar sozinha— só três meses depois de uma grande mudança de vida (e seis meses depois de ter largado as drogas e o álcool). Minha colega de quarto era maluca e fazia festa o tempo todo, o que só me lembrava dos motivos pelos quais eu não fazia mais aquilo. Eu dei a ela duas regras: (1) Nada de festas no nosso quarto, e (2) Nunca trazer garotos para o nosso quarto— especialmente o Jack, que estudava na mesma faculdade. É claro que, só alguns meses depois, ela acabou caindo em uma aula com ele e sentou bem ao lado dele. Pouco tempo depois, ela o levou até o nosso quarto. Quando entrei no quarto e vi os dois de pé, conversando e rindo, me senti traída. A última coisa que eu queria era que ele soubesse onde eu morava! Dei um olhar fulminante para a minha colega de quarto, chamei-a de canto e disse para tirá-lo dali imediatamente. Então saí e fui para uma cafeteria. Voltei uma hora depois, para confrontá-la. Contei para o Landon, e ele ficou tão frustrado por não estar ali ao meu lado, mas ele sempre estava lá para me encorajar.

Você precisa traçar uma linha na areia e decidir que nunca vai desistir!

As tentações sempre vinham nos meus momentos de fraqueza e nos meus dias difíceis. Se o Landon e eu discutíamos ou se eu tirava uma nota ruim em uma prova, a tentação vinha— e vinha forte! Eu lutava muito contra a depressão na faculdade. Estava cada vez mais difícil viver naquele ambiente universitário e estar longe do Landon, da minha família e da minha igreja. Eu era totalmente solitária, porque tinha tanto medo de cair de novo que não me envolvia com nada na faculdade, nem fazia amizades. Eu não construí nenhuma vida ali; minha vida estava no sul, com a minha família e o Landon. Eu ainda não era uma cristã madura o suficiente para saber como estabelecer o meu próprio ambiente, por assim dizer. Tinha medo de fracassar e de decepcionar o Landon e minha família, mas me sentia muito fraca. Estava começando a aprender que não poderia encontrar toda a minha força no Landon e no nosso relacionamento; eu precisava depender do meu relacionamento com Deus.

Na primavera do meu primeiro ano de faculdade, o Landon foi me visitar e me contou que a família dele entregaria a igreja que tinham em Seattle e se mudaria para Palm Springs, Califórnia. É claro que eu queria ir com ele. Já era difícil morarmos a algumas horas de distância um do outro. Eu não conseguia imaginar morarmos em estados diferentes. Falei com os meus pais sobre isso. Eles ficaram extremamente chateados e não queriam que eu abandonasse a faculdade. Mas eu sabia que não queria ficar— sozinha, não. Eu não era forte o suficiente para permanecer ali. Então, depois que terminei aquele ano, fui para Palm Springs encontrar o Landon e levei as minhas coisas para lá. Eu estava tão cega pela empolgação que não percebi que a fase mais difícil da minha vida estava prestes a começar.

> **Observação:** É importante entender que não adianta fugir dos problemas de uma fase para outra, isso não os cura.
> Você simplesmente carrega esses problemas para a próxima fase junto com você. Você precisa enfrentar esses medos, ansiedades, inseguranças— ou seja lá o que for que esteja atormentando a sua alma. Deus pode e vai curar tudo isso, se você entregar a Ele. Por causa da vergonha que eu tinha começado a carregar, infelizmente acabei criando um novo padrão para esconder as minhas lutas e medos.

PROCESSO

Mudar para Palm Springs com o Landon e a família dele era uma prova, para nós e para todos os outros, de que estávamos levando isso a sério. Eu tinha desistido de uma bolsa de estudos e da minha família para estar com ele. Nós sabíamos que aquilo era um tempo de preparação para o casamento, e que mais do que nunca, ficaríamos mais tempo juntos. Qualquer falha no nosso relacionamento e qualquer fraqueza pessoal logo iria aparecer— principalmente as minhas!

Depois que passou a empolgação da mudança, o Landon assumiu ainda mais forte o papel de meu mentor, só que agora era 24 horas por dia, 7 dias por semana. Eu estava morando com a família de um pastor e me sentia como se estivesse sob uma lupa, o que me gerava uma pressão enorme. Eu tinha medo de decepcioná-lo ou de fazer ele passar vergonha. Temia não conseguir ser a parceira de vida que ele precisava para realizar tudo o que havia no coração dele. Eu sentia que parte disso vinha da insatisfação dos pais dele comigo— o que me fazia sentir que eu não era o que eles queriam para o filho. Nos nossos três primeiros meses de relacionamento, quando estávamos nos apaixonando, nada e ninguém mais importava. Depois, eu fui para a faculdade e começamos a ter vidas diferentes, com pessoas diferentes. Agora, estávamos juntos de novo, pela primeira vez em muito tempo— mas junto com a família dele, em outro estado, começando uma igreja nova, um ministério de jovens e, ao mesmo tempo, em plena preparação para o casamento.

Eu comecei a surtar, a questionar o que estava fazendo ali. Eu me sentia uma impostora. *O que eu estava fazendo, morando com a família de um pastor e namorando um pastor?* Eu amava a Deus, e isso eu tinha certeza. Mas eu não tinha confiança na minha caminhada cristã. Por exemplo, a família dele se reunia para oração nas noites de terça-feira, e o pai dele costumava me chamar para orar em voz alta na frente de todos eles.

Eu não queria orar na frente deles! Eu não sabia o que dizer. Para ser justa, eu acho que eles não tinham ideia do que estava acontecendo dentro de mim— mas também não se importavam em perguntar. Eu me sentia humilhada! Só queria fugir de novo! Sentia que tudo o que eu dizia e fazia estava em exposição, sujeito a julgamento, e que a cada momento em que eu fosse imperfeita, aquilo seria usado como prova de que eu não era boa o bastante para eles.

Depois de apenas alguns meses vivendo na Califórnia, eu estava deprimida, mesmo tendo o Landon comigo. Uma noite, eu não aguentei mais a pressão e comecei a arrumar as minhas malas para voltar para casa. Landon entrou no quarto e perguntou o que eu estava fazendo.

"Eu estou indo para casa! Eu não aguento mais isso!", eu gritei em resposta.

"Você não pode simplesmente fugir dos seus problemas o tempo todo! Você precisa enfrentá-los e lidar com eles!"

"Não, eu não posso! Você não entende! Eu não me encaixo aqui!" Eu precisava voltar para casa. Continuei enfiando tudo nas malas.

Ele finalmente segurou os meus braços e gritou: "Para! Para de arrumar essas malas agora e fala comigo! Para um segundo e pensa no que você está fazendo!"

Mas eu estava com vergonha demais. Me sentia humilhada, pequena. Eu não conseguia mais viver daquele jeito. Eu tentava ser melhor, mas não me sentia boa o suficiente. Naquele momento, eu não me importava— só queria sair de lá. Empurrei os braços dele para longe e continuei arrumando as minhas coisas. Comecei a chorar. Eu estava desmoronando. Landon me segurou e me puxou para longe das malas, tentando me fazer parar, para conversar. Ele garantiu que tudo ficaria bem, mas disse que eu não poderia desistir, porque eu já tinha ido longe demais para voltar agora. Ele disse que me amava e que estava disposto a fazer o que fosse preciso para me ajudar— mas eu não sabia como ajudar a mim mesma.

Eu finalmente, me acalmei e chorei nos braços dele. Ele começou a falar comigo sobre as maldições hereditárias e coisas que são passadas de geração em geração— dos nossos pais para nós, e dos pais deles para eles, que às vezes se repetem por muitas gerações. Eu me vi diante dos meus próprios demônios internos. Eu precisava lidar com eles, ou corria o risco de passar isso para os meus filhos. E eu sabia, com certeza, que não queria isso!

O que nós dois não sabíamos na época é que aquele espírito religioso maligno estava me afligindo com vergonha, e me atormentando com condenação— e isso vinha dalinhagem familiar dele. Como as minhas fraquezas do passado eram tão visíveis, nós dois focávamos só em mim. Mas logo, os dois teriam que travar uma guerra total contra esse espírito que tinha planos de derrubar os dois.

Eu disse para o Landon que estava disposta a baixar a guarda e deixar que ele me dissesse o que eu precisava mudar. Por causa do meu passado, eu estava tão acostumada a tomar todas as minhas próprias decisões e a lutar pela minha vida o tempo todo, que, mais uma vez, estava diante da necessidade de abrir mão do controle. Mas dessa vez, eu percebi que isso era o melhor para mim. E mesmo tendo lutado de novo, foi uma resistência mais curta e menos violenta. Rs! Eu estava progredindo! Dessa vez não teve polícia envolvida— só o meu namorado precisando me conter. Eu era grata pela persistência dele em me ajudar e me amar nos meus momentos mais difíceis. O mais difícil era tentar descobrir quais eram as raízes desses problemas dentro de mim. Eu não entendia o que eram essas raízes e de onde vinham minhas emoções negativas e minha depressão. Eu não podia continuar tentando controlar só as questões externas; eu precisava arrancar essas raízes!

Uma noite, o Landon me levou para um encontro em Los Angeles, a umas duas horas de distância. Na volta para casa, nós discutimos. O meu jogo era o tratamento do silêncio— uma tática de controle. Mas eu me sentia tão certa e justificada de estar com a razão, que estava fazendo isso com ele agora. Durante uma hora inteira, eu não disse uma palavra. Ele tentou de todas as formas possíveis— boas e ruins— me fazer falar. É claro que eu ignorei as tentativas boas e usei as ruins como combustível para puni-lo ainda mais, com o meu silêncio. Até que, finalmente, ele parou o carro no acostamento da rodovia, colocou no ponto morto e desligou. Olhei para ele, sem acreditar, decidida a não quebrar o silêncio. Cruzei os braços e virei para a janela, de costas para ele.

Ele se acomodou no banco confortavelmente e disse que não íamos a lugar nenhum até eu parar com as minhas atitudes infantis e conversar com ele. Depois de uns dez minutos, eu finalmente gritei: "Me leva para casa— agora!"

Ele nem se mexeu, apenas disse: "Você vai falar comigo agora?"

Eu já tinha desistido do silêncio e, para ser bem sincera, eu já estava cansada do meu próprio joguinho. "Sobre o que exatamente você quer conversar?", perguntei com arrogância.

"Bom, duas coisas", ele respondeu. "Primeiro, o que aconteceu hoje à noite? Segundo, quero falar sobre como você está agindo agora e pela última hora e meia! Como a gente vai se comunicar no nosso casamento se minha esposa me der o tratamento de silêncio? Como eu vou te ajudar, como você mesma disse que deixaria, se você se recusa a falar comigo sobre o que está acontecendo? Você precisa me deixar apontar suas fraquezas e confiar que eu não estou dizendo isso para te machucar, e sim para te ajudar."

Enquanto eu ouvia o discurso dele, fui aos poucos amolecendo—

mas ainda tentei segurar um pouco do meu estúpido orgulho. Acho que respondi alguma coisa ridícula só para tentar jogar parte da culpa para cima dele e não ter que encarar tudo sozinha. Ele imediatamente pediu desculpas. Aí sim eu me senti péssima e também pedi desculpas.

"Pronto, agora que tiramos isso do caminho, vamos conversar", ele disse.

"Eu não podia continuar tentando controlar só as questões externas; eu precisava arrancar essas raízes!"

Eu estava nervosa. Ele começou a falar comigo sobre abrir mão do controle, teimosia, manipulação e muito mais. Meu Deus, eu tinha tanta coisa para trabalhar em mim! Na verdade, esse acabou sendo o tema do meu próximo ano de vida: destruir padrões de pensamento, entender por que eu reagia de certas formas e assim por diante. Mas o maior de todos os problemas era a vergonha. Ele não sabia que eu estava lutando com isso de forma tão profunda e, pra ser sincera, eu também não sabia! A vergonha foi a maior batalha dos meus primeiros cinco anos de caminhada com Deus.

Eu não queria falar na frente dos outros, orar na frente de ninguém ou falar sobre o meu passado com ninguém. Eu sentia vergonha da minha própria família, como se eles fossem parte da minha vida antiga. Meu relacionamento com a minha família se tornou mais distante.

Eu não sabia exatamente o que estava acontecendo, mas me sentia sem valor e tão distante da imagem perfeita de cristã/esposa de pastor que achava que precisava alcançar. No entanto, eu sempre voltava ao quanto amava o Senhor e Landon. Eu me lembrava dos nossos primeiros dias de namoro— sabendo que eu deveria me casar com ele e que Deus havia nos unido. Eu precisava parar de questionar isso e deixar de lado o meu orgulho nesse processo tão difícil.

COMPROMISSO

Oito meses depois de morar na Califórnia, Landon me pediu em casamento! Uma coisa que nós dois sabíamos com certeza era o quanto estávamos apaixonados. Eu estava em Seattle com a família para o Natal quando ele me surpreendeu. Alguns dias depois do Natal, ele pegou um voo para Seattle e me ligou enquanto dirigia até a casa da minha mãe. Ele me disse que estava indo para Las Vegas com alguns amigos. Eu fiquei tão brava! Eu estava sentada sozinha na frente da lareira, com a luz do fogo no meu rosto, sentindo muita saudade dele.

"O quê? Por que você não está vindo me ver?", perguntei, irritada. Então ele começou a rir e disse: "Olhe pela janela!" "Espera! Por que você não está vindo me ver?" Eu ainda estava tão brava que não entendi o que ele estava me pedindo para fazer.

"Só corre até a janela e olhe para fora!", ele disse, animado.

"É bom você não estar brincando comigo, Landon Schott." E lá estava ele, em pé no quintal, acenando para mim com o maior sorriso no rosto, enquanto as estrelas brilhavam no céu. Eu não o via há duas semanas, então corri até ele e o abracei! Eu achei que essa era a surpresa, a visita dele, mas na noite de Ano Novo de 2004, ele tinha uma surpresa ainda maior planejada. Naquele dia, ele me levou para fazer compras e escolher uma roupa nova, e disse que sairíamos para um encontro naquela noite em Seattle. Nós estávamos morando na Califórnia há algum tempo, então eu estava muito empolgada com os nossos planos no centro de Seattle, já que foi lá que começamos a namorar e nos apaixonamos.

Ele começou o encontro me levando ao nosso restaurante de carnes favorito na época— o Morton's The Steakhouse. Enquanto conversávamos, notei que ele estava suando um pouco e olhando para todos os lados, agitado. Ele estava muito nervoso! Eu ficava perguntando se ele estava bem. Ele me garantiu que estava ótimo. No final da refeição, ele se levantou para ir ao banheiro. Enquanto eu esperava na mesa, percebi que todo mundo estava olhando para mim. Fiquei preocupada achando que poderia ter comida presa nos dentes ou algo assim. Os funcionários passavam e me elogiavam. "Hmm", pensei. "Que estranho. Talvez eles estejam me confundindo com outra pessoa."

Então percebi que Landon estava demorando no banheiro. Comecei a me preocupar, pensando que ele poderia estar passando mal e só não queria me contar para não estragar o nosso encontro. Eu tinha acabado de chamar um garçom para pedir que fosse ver se ele estava bem, quando Landon saiu do banheiro com um enorme sorriso no rosto. Olhei para ele com uma cara estranha e perguntei: "Tem certeza que você está bem?"

"Eu estou ótimo!", ele respondeu, enquanto pagava a conta.

Quando fomos em direção à porta para sair, todo mundo acenou e se despediu. Pensei de novo: "Que estranho."

Depois disso, Landon me levou a todos os mirantes ao redor de Seattle. Percebi que ele estava me levando para todos os mesmos lugares onde tínhamos ido no nosso primeiro encontro, começando pelo mesmo mirante e terminando no mesmo penhasco, bem acima da Praia Alki. Chegamos ao último lugar apenas dez minutos antes da meia-noite!

Landon e eu ficamos parados na beirada do mirante, admirando a vista linda da água e do horizonte da cidade. Ele ficou atrás de mim, com os braços me envolvendo, falando ao meu ouvido sobre o resto das nossas vidas e o quanto me amava. Então, todo mundo começou a gritar: "10, 9, 8...", e de repente, Landon me virou para ficar de frente para ele, tirou o anel com a letra L que eu usava desde que começamos a namorar e o jogou penhasco abaixo! Eu olhei para ele sem acreditar, pensando: "O que você está fazendo?"

Quando olhei de volta para ele, Landon estava de joelhos.

Ele se ajoelhou, me pediu em casamento e me perguntou se eu queria passar o resto da minha vida com ele. Olhei para minha mão enquanto ele colocava um anel lindo no meu dedo! Eu estava em choque. Pode me chamar de ingênua, mas eu não fazia ideia de que o Landon pretendia me pedir em casamento naquela noite. Achei que isso só aconteceria dali a pelo menos mais seis meses. Eu disse sim, é claro, e enquanto todo mundo comemorava e aplaudia, fogos de artifício estouraram, e ele me girou no ar. Eu tinha até me esquecido das pessoas ao nosso redor, até que todos começaram a bater palmas para a gente. Nós apenas nos abraçamos. Eu estava completamente surpresa e não conseguia soltá-lo. Ele só me soltou para perguntar o que eu tinha achado do anel. (Eu ainda nem tinha olhado direito para ele!) Então, olhei para o anel. Era maravilhoso! Sinceramente, eu não conseguia acreditar. Ele explicou que tinha mandado fazer o anel especialmente para mim— um anel único, feito sob medida.

Uau! Eu era apenas uma garota de dezenove anos, longe das drogas havia apenas um ano e meio, e ali estava eu, com meu Príncipe Encantado, com uma promessa de casamento no meu dedo! Como isso podia estar acontecendo comigo? (Eu me fazia essa pergunta muitas vezes.) E como tudo tinha acontecido tão rápido?

Parte de mim sentia que isso tudo devia ser um engano. Será que eu tinha mostrado ser alguém que eu não era? Será que ele se apaixonou por aquela pessoa e não por mim? Eu simplesmente não conseguia acreditar que todas essas coisas maravilhosas pudessem acontecer comigo depois de tudo de ruim que eu tinha feito! Roubo, bebidas, drogas, ódio, brigas, raiva, ciúme, sexo fora do casamento... para então ser completamente arrebatada assim? Por outro lado, eu amava cada momento da minha nova vida. Pela primeira vez em muito tempo, eu me sentia valorizada. Ele me fazia sentir como uma princesa, e eu começava a viver a vida que, no fundo, sempre desejei ter.

Lembro que vivia com o medo terrível de que, a qualquer momento, aquele conto de fadas fosse arrancado de mim e eu acordasse na minha realidade— uma vida de pesadelo. Minha vida, antes, tinha sido tão sombria, horrível e deprimente que, às vezes, ainda me assombrava. Eu tinha lutado por aquela vida sombria e deixado minha família por ela. Achava que estava aproveitando a vida, me divertindo. Como eu pude ter sido tão enganada? Eu tinha me apaixonado por um falso prazer existencial.

Que tipo de prazer havia em fazer sexo com alguém quando eu não queria, com alguém que realmente não me amava? Qual era a graça de estar de ressaca? Que diversão havia em ser deixada para morrer sozinha em um apartamento abandonado por um "amigo?" Onde estava a diversão em lutar contra homens enquanto eles tentavam me estuprar, ou, pior ainda, encontrar minha melhor amiga depois que ela havia sido estuprada por três caras? Onde estava todo o prazer que eu tinha me convencido de que encontraria naquela vida? Não havia nenhum, porque, se houvesse, eu teria sido a pessoa a encontrá-lo! Eu lutei muito por aquela vida e só recebi dor e um coração despedaçado em troca.

Então, como foi que eu estava em um mirante lindo na véspera de Ano Novo, com fogos de artifício explodindo, nos braços do homem que superava todos os sonhos que eu já tive, e que tinha feito um compromisso de vida comigo? Como isso poderia ter acontecido?

Ficamos noivos por sete meses e nos casamos em 16 de julho de 2005. Eu tinha vinte anos e ele, vinte e dois. Ainda éramos crianças. Esperamos para fazer sexo até a noite de núpcias— e valeu a pena! No dia seguinte, voamos para uma pequena península na costa de Puerto Vallarta, no México. Ficamos hospedados em uma linda casa ao longo de uma pequena estrada de paralelepípedos, com apenas outras quatro casas ao nosso redor. Quando olhávamos para o nosso deck, víamos águas deslumbrantes por todos os lados. Acordávamos com o café da manhã servido no andar de cima, no terraço, onde soprava uma brisa maravilhosa. Eu estava com o homem dos meus sonhos, vivendo um sonho. Ainda não conseguia acreditar que aquela era a minha vida.

FACE A FACE

Quando voltamos da lua de mel, arrumamos nossas coisas para nos mudar para Columbus, Ohio, onde uma grande igreja tinha nos contratado para servir como pastores de jovens. Landon me surpreendeu comprando uma casa nova e relativamente grande (para o nosso primeiro lar), e ela ficava perto da igreja. Aquela seria a minha primeira experiência verdadeira como esposa e como um casal de ministério. Foi um momento doce e amargo ao mesmo tempo. Eu estava muito animada para começar a vida de casada com o meu marido, mas tinha me mudado, ainda para mais longe da minha família em Seattle. Eu também estava nervosa em relação ao ministério, mas me convenci de que seria uma esposa que apoiaria o meu marido.

Quando estávamos namorando, Landon me disse que não se importava se eu liderasse no ministério ou não; ele só queria que eu fosse a esposa dele. Eu sempre me senti segura e tranquila com essa declaração. Mas, de alguma forma, isso mudou quando nos mudamos para Columbus.

Fomos jogados de cabeça e rápido— pelo menos foi assim que eu me senti. Na semana em que chegamos, recebemos uma ligação dizendo que o nosso pastor queria nos levar para as Bahamas com ele em uma viagem para pregar o evangelho. A gente nem tinha desempacotado a mudança da casa ainda e já estava fazendo as malas para a viagem! Viajamos muito com o nosso pastor enquanto construíamos o ministério de jovens.

O ministério de jovens tinha sofrido um grande abalo pouco antes de chegarmos, e seria necessário muito tempo e esforço para reconstruí-lo. Landon veio até mim e disse que eu precisava começar um ministério para as meninas. Eu respondi: "De jeito nenhum!" Ele me disse que sentia que eu devia fazer isso, então eu precisava começar a planejar. Naquele momento, joguei tudo o que eu já tinha lido ou ouvido sobre submissão para escanteio. Disse a ele que não havia a menor chance de eu fazer aquilo. Eu não tinha nada para dizer e nem ideia de como começar ou o que fazer. Nunca tinha tido uma mentora de verdade (além de Landon), nem pastora de jovens, nem irmã mais velha— ninguém. Eu não tinha exemplo de como deveria ser ou o que deveria dizer para elas. Eu ainda estava na fase de lua de mel. Quer dizer, a gente tinha casado fazia um mês! Mas tudo aquilo estava sendo arrancado de mim— rápido!

Landon não desistiu da ideia de eu começar um ministério para meninas e me disse para orar sobre isso. Eu fiquei muito irritada quando ele falou isso, porque quando pensei em perguntar a Deus, veio na minha cabeça: "Por que Deus não iria querer que eu ministrasse para essas meninas?" Eu me senti confrontada, mas, sinceramente, o que eu teria para dizer a meninas e líderes que provavelmente eram salvas há mais tempo do que eu? Por fim, me convenci a tentar essa coisa de estudo bíblico uma noite, achando que só cinco meninas apareceriam. Planejei falar por alguns minutos com algumas garotas e depois ficar conversando. Achei que conseguiria pensar em alguma coisa para dizer por uns minutos. Ainda assim, eu não tinha certeza se era ideia de Deus, do diabo ou apenas uma ideia estúpida do Landon. Com certeza não parecia uma boa ideia.

A noite chegou. Eu apareci com algumas anotações rabiscadas em uma folha de caderno, dobrada dentro da minha Bíblia. Eu ainda esperava que alguém me salvasse daquilo. Entrei na sala alguns minutos atrasada, tentando ganhar tempo. Quando olhei pela quina da porta, vi trinta meninas e algumas líderes jovens-adultas esperando por mim! Eu quase tive um ataque cardíaco! Tinha me convencido de que só faria aquilo se tivessem algumas poucas meninas, não mais de trinta! "Meu Deus do céu!", pensei. "O que eu vou fazer? Eu não tenho nada pra dizer pra elas! Sério, o que eu vou falar? Ai meu Deus!" Eu quis sair correndo de novo. Isso, com certeza, passou pela minha cabeça enquanto eu estava encostada na parede do corredor. Eu estava literalmente pensando em fugir!

Enquanto eu estava ali parada, tentando decidir o que fazer, ouvi a voz de novo— mas dessa vez parecia mais uma bronca: "Heather, pare de fazer isso ser sobre você! Isso não é sobre você! É sobre essas meninas que precisam de alguém que as ame! Apenas esteja presente, do jeito que você precisava que alguém estivesse para você, quando tinha a idade delas."

Uau! Deus me confrontou na hora! E eu precisava daquilo. Aquilo apagou todo o medo que estava me travando e me trouxe a perspectiva verdadeira. Aquilo não tinha nada a ver com como eu soaria, mas com o fato de estar lá para aquelas meninas. Entrei, cumprimentei todas e me sentei na cadeira que tinham preparado para mim. Me ajeitei e comecei a contar para elas sobre mim. Depois disso, eu nem lembro mais o que falei, mas, no final do nosso tempo, estávamos todas nos abraçando e chorando nos ombros umas das outras! Foi maravilhoso! Foi a melhor sensação ser, para aquelas meninas, a pessoa que eu tanto queria que tivesse sido para mim. Eu tinha ministrado para um grupo de garotas pela primeira vez. E foi uma sensação maravilhosa, porque eu não tinha percebido que estava vivendo presa pelo medo e pela vergonha, mas, ao permitir que Deus usasse a minha voz para encorajar aquelas meninas, eu comecei a derrubar as muralhas da vergonha. Me apaixonei por aquelas meninas rapidinho! Eu as chamava de "minhas meninas." Eu sabia que elas eram filhas de Deus, mas pela primeira vez Deus colocou em mim um amor maternal.

Acabei transformando aquele estudo bíblico em um grupo de meninas no estilo de irmandade, ministério, com "semanas de integração" em que a cada dois meses, fazíamos coisas completamente malucas. Teve uma vez em que elas tiveram que passar a noite inteira fazendo coisas hilárias vendadas. No fim da noite, todas as líderes de jovens levaram as meninas até um sítio, onde elas tiveram que rolar em uma cova cheia de lama e esterco de cavalo! Algumas ficaram apavoradas, preocupadas com o cabelo, mas para surpresa delas, no final eu pulei junto— e todas nós rimos até não aguentar mais. Uma das meninas ainda passou aquilo no meu cabelo— algo que nunca vou esquecer. Isso chamou muita atenção na igreja— de forma boa e ruim! A gente definitivamente era fora do padrão. E era exatamente assim que eu queria que fosse. Para que eu conseguisse fazer aquilo, precisava ser divertido e eu precisava ser eu mesma.

Fizemos as meninas dançarem música celta para toda a igreja de jovens e até no meio de um shopping da cidade— com solos e tudo, coreografado por elas! Mandamos fazer camisetas e moletons com a frase "Girls Gone Holy!" ("Garotas que se tornaram Santas!") A gente se divertia muito, sem nada imoral. E eu fui percebendo que aquelas meninas realmente precisavam dessa comunidade e desse ministério, porque muitas delas tinham vivido o tipo de vida que eu vivi! Elas vinham de bairros ainda mais difíceis que o meu. Estavam experimentando muitas das mesmas coisas que eu experimentei. Algumas delas não queriam saber de mim no começo, me chamavam de "Barbie", achando que eu tinha tudo na vida. Um dia, sentei com duas das líderes daquele grupinho rebelde e contei o meu testemunho— foi a primeira vez que compartilhei a minha história. O queixo delas foi caindo cada vez mais enquanto eu falava. A expressão e o tom delas mudaram completamente. "Sra. Heather, a gente não fazia ideia!", disseram. "Achávamos que você não entenderia nada do que estamos passando. Você parece perfeita e como se tivesse tudo de mão beijada."

Foi aí que eu percebi, pela primeira vez, como o meu passado poderia ser usado como força. Aprendi que o poder e a misericórdia de Deus são muito maiores do que o meu passado e a minha vergonha. Ele podia usar a minha história feia para curar e libertar outras pessoas! Uau! Só um Deus verdadeiro e real poderia ser glorificado através da minha história vergonhosa. Mas eu precisava permitir isso. Eu precisava deixar Ele falar através de mim, e eu precisava estar disposta a ser vulnerável e compartilhar o meu testemunho com os outros, para que eu pudesse encorajá-los em meio às suas prisões e tentações.

Ao compartilhar o meu testemunho, eu me tornava um milagre vivo diante delas, para que elas pudessem acreditar que Deus poderia fazer o mesmo na vida delas! Esse era o propósito de Ele ter me libertado— não apenas para me libertar, mas para libertar todos ao meu redor também!

> **Observação:** Várias e várias vezes eu ouvi ataques ou palavras de feitiçaria contra o corpo de Cristo, tentando silenciar os seus testemunhos. Os ataques soam assim: "Alguém me disse para não compartilhar meu testemunho porque o inimigo vai me atacar ainda mais." Aqui está outra mentira demoníaca que já ouvi: "A igreja só quer explorar o seu testemunho." (Escuto isso muito de vítimas de tráfico humano, por causa de líderes fracos que espalharam essa desinformação!) E aqui vai mais uma: "Você é mulher, então só pode compartilhar seu testemunho aqui, mas não pode pregar uma mensagem." E mais uma só para expor todas as mentiras:

"Já compartilhei meu testemunho tantas vezes que sinto ter crescido, superado essa fase e agora preciso seguir adiante." Existe um versículo que destrói todas essas mentiras, então se você já ouviu essas vozes de alguma pessoa ou de um espírito mentiroso, seja liberta enquanto lê isso:

Agora veio a salvação, o poder, o Reino do nosso Deus e a autoridade do seu Cristo, pois foi lançado fora o acusador dos nossos irmãos, que os acusa diante do nosso Deus, dia e noite. Eles o venceram pelo sangue do Cordeiro e pela palavra do testemunho que deram diante da morte não amaram a própria vida.

— APOCALIPSE 12:10-11, ÊNFASE ADICIONADA

Eles o venceram (o acusador, o diabo) pelo sangue do Cordeiro (Jesus Cristo) e pela palavra do testemunho deles! Se você foi envergonhada e intimidada a não contar o seu testemunho, se alguém te disse que alguém está se aproveitando de você ao pedir para compartilhar seu testemunho, se você foi enganada e disseram que o seu testemunho não é poderoso— tire isso de você e compartilhe, porque é justamente isso que te liberta do acusador!

Compartilhe o seu testemunho! Escreva tudo! E depois grite aos quatro ventos! Levante sua voz e deixe todos ao seu redor ouvirem o que Deus fez na sua vida! E então, depois de contar com ousadia, fale mais alto! Seja mais corajosa e conte de novo e de novo, dando um soco na cara do acusador, porque ele não te carrega mais como cativa! Ele não tem mais autoridade sobre você. Você não está mais presa— você não está mais na prisão da vergonha, mas foi libertada, e junto com você, a sua voz também foi! Então use a sua voz e compartilhe seu testemunho por onde for, dando glória a Deus pelo que Ele fez na sua vida e liberando fé para todos ao seu redor, para que Deus os liberte também! Seja livre! Compartilhe o seu testemunho! E derrote o acusador!

A minha história construiu unidade e confiança com aquelas meninas. Eu tinha algo em comum com elas. Na verdade, eu me tornei como uma mãe leoa para elas, extremamente protetora com relação a rapazes que tentavam dar em cima delas, pais abusivos ou qualquer pessoa que tentasse mexer com elas. Eu as ensinava a estabelecer limites e se agarrar à pureza. Mostrava a elas como se vestir com dignidade, falar com graça e enfatizava que, acima de tudo, a lealdade delas deveria ser sempre para com Deus. Chamamos o grupo de F2F (Face to Face— "Face a Face"), baseado no versículo onde Moisés falava com Deus face a face. Eu queria que aquelas meninas buscassem a face de Deus e tivessem um relacionamento pessoal com Ele, porque foi isso que transformou a minha vida!

Uma das meninas daquele grupinho rebelde para quem eu contei a minha história se chamava Shereè. Um dia, depois de perder alguém muito próximo de forma trágica, Shereè teve um colapso que rapidamente saiu do controle. Eu tentei aconselhá-la, mas ela estava inconsolável. Estava em desespero e disse que queria se matar. Depois que finalmente consegui acalmá-la um pouco (ou pelo menos achei que tinha conseguido), falei que a levaria para casa. Landon e eu a colocamos no nosso carro e começamos a seguir a irmã mais velha até a casa dela, que ficava em um bairro de periferia. Na verdade, eu nunca tinha estado em um lugar como aquele antes.

Era completamente controlado por gangues, e ninguém entrava ou saía sem que os que "mandavam" ali soubessem. Posso dizer que Landon e eu parecíamos dois estranhos naquele lugar! As pessoas em todos os carros que passavam ficavam nos encarando.

Foi aí que eu percebi, pela primeira vez, como o meu passado poderia ser usado como força.

Parados em um cruzamento, de repente Shereè pulou do nosso carro e se jogou— bem no meio da rua! Eu saltei do carro e tentei puxá-la de volta e tirá-la dali. Ela era bem maior que eu, então estava levando a melhor. Ela gritava que não queria mais viver e que era para eu deixá-la em paz. Gritou para o Landon me pegar e irmos embora daquele bairro. Eu achei que ela estava dizendo isso só para me fazer desistir. Mal sabia eu que, na verdade, a gente não era "permitido" naquele bairro, e por ela estar fazendo aquele escândalo, se debatendo e gritando com uma garota branca (eu), a cena de eu gritando de volta e tentando colocá-la de volta no carro não estava pegando nada bem! Meu corpo entrou em modo de adrenalina total, e eu fiquei furiosa. Comecei a gritar com a irmã dela para vir me ajudar a tirá-la da rua, mas ela estava do outro lado da rua e não conseguia atravessar por causa dos carros que passavam. Enquanto tudo isso acontecia, os carros iam diminuindo a velocidade e as pessoas dentro deles nos olhavam como se nós fôssemos o problema.

"Vai ajudar o Landon!", gritou Shereè. Ela se levantou de repente, e quando me virei, vi um carro cheio de caras perigosos parando ao lado do carro do meu marido. Shereè e eu corremos até o meu carro. Ela falou com eles e disse que estava tudo certo e que era para nos deixarem em paz. Quando eu cheguei perto do carro deles, o Landon gritou para eu voltar para o nosso carro. O motorista do outro carro nos disse que a gente tinha cerca de um minuto para sair do "bairro deles." Ainda tomada pela adrenalina, eu gritei: "Saiam de perto do nosso carro, agora!"

Landon me lançou um olhar fulminante e apontou para o banco da frente, mandando eu entrar no carro imediatamente. Shereè ficou com uma expressão de espanto depois que eu gritei daquele jeito. Entrei no carro, e fomos embora. Quando saímos do bairro, Landon me deu a maior bronca! Eu não tinha percebido o quão perigosa era a situação em que tínhamos nos metido naquele momento, mas, naquele dia, eu percebi o quanto amava aquelas meninas. Eu senti, de verdade, o instinto de mãe-leoa naquele dia. Embora eu ainda não fosse mãe, experimentei o quão longe o amor é capaz de ir. A minha segurança não passou pela cabeça— a vida dela sim.

O ministério com as meninas continuou crescendo até ter mais de setenta e cinco participantes. Nós organizávamos grande parte do ministério de jovens: eventos, peças, louvor, evangelismo e muito mais. Posso dizer com toda certeza que elas eram o coração daquele ministério de jovens— e acabaram se tornando o meu também. Fazíamos todo tipo de coisa divertida: noites do pijama na minha casa, cantatas de Natal, toboáguas e muito mais. Também tínhamos noites em que todas falavam abertamente sobre tudo o que tinham vivido e depois orávamos umas pelas outras. Às vezes, a gente se envolvia tanto ministrando umas às outras que o que era pra ser uma reunião de uma hora acabava durando três! Eu amava ver cada uma delas crescendo e se fortalecendo. Era um privilégio viver aquilo com elas.

Eu sempre incentivava as meninas a viverem em pureza. Essa era uma das mensagens principais que eu transmitia a elas. Pode até parecer estranho uma garota que saiu de uma vida completamente impura ensinar isso, mas eu valorizava o que eu não tive enquanto crescia— e queria que elas tivessem. Essa mensagem queimava no meu coração, e eu não conseguia deixar de compartilhar isso com elas. Eu queria mais para elas— mais do que aquilo com que eu havia me conformado na idade delas. Muitas delas realmente ouviram e receberam essa mensagem, e eu vi suas vidas mudarem drasticamente por causa disso. Elas usaram aquela típica atitude adolescente para o bem e se recusaram a aceitar qualquer coisa menor do que aquilo que Deus tinha para elas. Eu amava vê-las crescendo e florescendo!

_____

Quando você se recusa a esconder o seu passado, ele perde o poder de te controlar.

Quando nos mudamos para Columbus, algumas das meninas estavam fazendo sexo nos banheiros da igreja antes ou depois do culto. Um ano depois do início do F2F (Face a Face), essas mesmas meninas estavam terminando com os namorados e dizendo que, se eles quisessem ter o privilégio de namorá-las, precisavam primeiro se tornar homens de Deus! Elas desenvolveram uma confiança pura que era contagiante— até para mim. Elas provavelmente achavam que aquilo vinha de mim, mas, na verdade, estavam me mudando também. O Senhor estava transformando todas nós juntas, e o meu coração estava sendo transformado.

Eu comecei a me expor um pouco mais— fazendo um pouco mais nos cultos, ministrando e encorajando os jovens. Eu estava me apaixonando por jovens quebrados e assistindo de perto o processo de restauração na vida deles! Compartilhei meu testemunho algumas vezes. E, a cada vez que fazia isso, sentia a vergonha derretendo. Quando você se recusa a esconder o seu passado, ele perde o poder de te controlar. Eu aprendi que trazer à luz as coisas horríveis que você fez te liberta completamente! O espaço que a vergonha ocupava na minha vida estava sendo preenchido com uma nova ousadia e um novo fogo.

QUEBRANDO A VERGONHA

Nossa igreja realizava uma grande conferência, frequentada por milhares de pessoas de todo lugar. Nós lideramos o culto dos jovens. E, durante aquele culto, o louvor e a adoração estavam muito poderosos. Enquanto eu cantava e levantava as mãos, do nada ouvi a voz me dando uma mensagem sobre oferta.

> **Observação:** Uma mensagem de oferta é um breve ensinamento sobre generosidade, direcionado à congregação, encorajando as pessoas a ofertarem obedientemente através do dízimo e generosamente com o que for além disso— e com um coração puro. Preciso dizer: esse tipo de mensagem nunca deve ser manipuladora ou colocar preço em bênçãos, milagres ou respostas de Deus! Isso é errado! Se houver fila para mostrar o valor que você vai dar ou pressão para estimular o orgulho das pessoas a ofertarem mais— isso não é puro.
>
> Jesus disse em Marcos 12:42–44: "*Mas uma viúva pobre chegou-se e colocou duas pequenas moedas de cobre,*

de muito pouco valor. Chamando a si os seus discípulos, Jesus declarou: "Afirmo-lhes que esta viúva pobre colocou na caixa de ofertas mais do que todos os outros. Todos deram do que lhes sobrava; mas ela, da sua pobreza, deu tudo o que possuía para viver".

Nós ofertamos com corações puros e generosos. Não damos para receber algo em troca ou para agradar um homem. Nós damos porque Deus nos deu o Seu melhor e para obedecer à Palavra de Deus.

Eu achei aquilo muito estranho, já que eu nunca tinha ministrado na hora da oferta antes. Uns dez segundos depois, Landon se inclinou para mim e disse para eu ministrar sobre a oferta depois do louvor. Na hora meu estômago embrulhou, ao olhar para aquelas milhares de pessoas apertadas naquele culto. "De jeito nenhum!", eu pensei.

Me inclinei e falei para Landon: "De jeito nenhum."

Ele respondeu: "Eu não estou te pedindo, estou mandando você fazer."

"Eu não vou fazer", eu disse.

Nós damos porque Deus nos deu o Seu melhor e para obedecer à Palavra de Deus.

Ele garantiu novamente que sentia de verdade que eu deveria recolher a oferta e pediu para eu pensar mais um minuto sobre isso. Eu sabia que ele estava certo, porque eu já tinha ouvido o que deveria dizer— mas o medo tinha tomado conta de mim! Enquanto eu pensava, só conseguia ouvir as milhares de vozes cantando atrás de mim. Eu fiquei paralisada de medo. Me inclinei e sussurrei no ouvido do Landon: "Eu não vou fazer."

Ele suspirou decepcionado e, alguns minutos depois, subiu e fez o que eu sabia que eu deveria ter feito.

Enquanto ele falava, eu fiquei instantaneamente tomada por um profundo arrependimento. Não consegui tirar isso da cabeça durante toda a noite. Lembro que chorei até pegar no sono naquela noite, não porque sentia que tinha decepcionado as pessoas, mas porque sentia que tinha decepcionado Deus. Percebi naquele momento que Deus era o primeiro na minha vida. Em algum momento, Ele se tornou mais importante para mim do que qualquer pessoa ou coisa. Eu soube disso quando senti a maior decepção que eu já havia sentido por desobedecer a Deus.

> **Observação:** Acho que é por isso que tantas pessoas negam a Deus. Elas não querem lidar com o sentimento de desapontá-Lo. Se você não crê, a pressão de seguir em frente não está lá, então você pensa: "Ah, tudo bem." Você comete um erro e pensa: "Está tudo bem." Você faz o que quiser e pensa: "Ah, tudo bem." Mas a verdade é que sem Deus você está perdendo a liberdade. Percebi que a vergonha e decepção não vêm dEle— elas vêm de mim mesma e de Satanás. *"O ladrão vem apenas para roubar, matar e destruir. Eu vim para que tenham vida e a tenham plenamente"* (João 10:10). Quando clamamos a Ele, Ele perdoa nossos erros e nos liberta do pecado! O amor e a graça Dele nos cobrem quando o recebemos como nosso Salvador! Você não precisa viver uma vida perfeita— só precisa viver para o Perfeito, Jesus. Ele usará suas imperfeições para glorificar a Si mesmo e libertar outros. Só Jesus pode fazer isso! Podemos crescer com os nossos erros se respondermos corretamente logo depois. Convicção é saudável; condenação não é. A condenação vem do diabo para te prender. Jesus não condena; Ele traz convicção para levar ao arrependimento e à liberdade!

Eu lembro de ter pedido perdão a Ele naquela noite. Na verdade, pedi perdão várias vezes, desnecessariamente, durante a semana seguinte, até que senti Ele sorrir para mim e sussurrar: "Você não precisa mais pedir. Uma vez é suficiente."

Jesus não condena; Ele traz convicção para levar ao arrependimento e à liberdade!

Eu fiz uma promessa ao Senhor de que nunca mais O desobedeceria de propósito, não importa o quão difícil ou assustadora fosse a tarefa! Descobri que o sentimento de desapontá-Lo na verdade vinha de um coração que queria agradá-Lo. Ele não esperava que eu fosse perfeita, então eu precisava me perdoar— e isso normalmente é o mais difícil. Eu me perdoei e senti a alegria para seguir em frente, sem vergonha ligada a isso. Contei para o Landon o que tinha acontecido, e ele sorriu para mim e disse que me ajudaria a manter o foco e assumir meus compromissos (engoli seco). Agora a responsabilidade era minha para cumprir a minha parte do acordo. Afinal, era a minha promessa. Na verdade, eu estava internamente animada com isso. Durante toda essa situação, eu havia, sem perceber, criado um vínculo de confiança com Deus. Eu sabia que Ele me seguraria antes de eu cair. Você pode não saber sempre o que Ele tem para você, mas quando forma um relacionamento verdadeiro com Ele, existe uma segurança linda na qual você simplesmente sabe que Ele estará lá. E Ele sempre esteve. Eu realmente estava experimentando novos níveis de liberdade!

A guerra contra a vergonha continuava feroz. Que processo! Embora eu estivesse em rápido crescimento, ainda precisava lidar com muitas coisas. Eu tinha problemas com autoimagem, medos e inseguranças, mas ao mesmo tempo ministrava para as meninas sobre autoimagem, medo e insegurança. Às vezes me sentia hipócrita, mas então sentia uma presença encorajadora e esmagadora tomar conta de mim. Como eu poderia passar por essas coisas genuinamente sem vivê-las? Afinal, era isso que eu estava fazendo. Eu lutava diariamente para ser o melhor exemplo que podia para aquelas meninas. Foi a melhor responsabilidade que eu já tive! Eu não queria decepcionar aquelas meninas como tantas outras tinham feito. Minha vida de oração pessoal começou a crescer, e minha fome de conhecer a Bíblia aumentou imensamente. Eu sabia que quanto mais a Bíblia estivesse dentro de mim, mais rápido seria a mudança em mim. Sabia que isso era verdade porque via acontecer na minha vida e na vida das meninas.

Landon e eu servimos naquela igreja por alguns anos até que sentimos que deveríamos nos mudar. Deixar aquele lugar foi uma das coisas mais difíceis que já fiz na vida. Algumas das melhores memórias do ministério vieram daquele grupo de jovens. Eu nunca vou esquecer o F2F (Face a Face). Elas marcaram a minha vida.

Nos mudamos para o lado leste do estado de Washington (Spokane), onde a família do Landon pastoreava uma igreja. Eu estava nervosa, mas animada com a mudança. Finalmente toda a nossa família estava no mesmo estado, mas eu era uma pessoa diferente. Eu havia mudado tanto em Ohio que não tinha certeza de como agir com a nossa família, especialmente no ministério. Percebi que ainda carregava vergonha e buscava aprovação dos homens. Em Spokane, isso ficou mais óbvio do que nunca. Landon e eu gostávamos de construir o ministério de jovens e viajar juntos. (Ministrávamos na estrada em conferências, acampamentos e cultos especiais.) Um dia ele veio até mim e disse: "Em todos os lugares que formos, quero que você comece abrindo o culto e compartilhando o seu testemunho." Eu estava muito nervosa com isso, mas rapidamente me lembrei da promessa que fiz a Deus. "OK, eu vou fazer", respondi.

Viajamos bastante, e toda vez eu abria o culto com o meu testemunho. Uma força incrível enchia o ambiente toda vez que eu contava minha história— jovens choravam por todos os lados. Às vezes eu fazia um chamado ao altar e orava individualmente pelos jovens. Outras vezes, orava por eles em grupo. Sempre me surpreendia que, mesmo contando para aqueles jovens os meus momentos mais profundos, sombrios e vergonhosos, isso os ministrava! Meus erros, pecados e como Deus me libertou estavam trazendo liberdade para eles pelo poder de Deus! Milagroso! Deus estava usando o meu testemunho de uma forma constante para quebrar as mesmas prisões em uma geração que estava assolada pelas mesmas tentações. Cada vez que eu compartilhava, mais a vergonha se afastava de mim e mais a ousadia me tomava.

Eu comecei a falar em igrejas quando viajávamos e quando levávamos o nosso grupo de jovens para viagens missionárias ao México. Essas viagens missionárias foram realmente transformadoras para mim. Nelas, descobri que tinha uma grande paixão por outras nações. Não havia limites para ajudar os outros nas viagens missionárias, o que eu amava! Ajudamos a preparar e montar um orfanato. Entramos em vilarejos e fizemos pequenas apresentações que glorificavam a Jesus e comunicavam o evangelho. Eu pude testemunhar milagres acontecendo no corpo das pessoas enquanto orávamos por elas.

Uma vez, entramos em um hospital onde pessoas sem plano de saúde e sem dinheiro para cuidados médicos eram literalmente deixadas para sofrer e possivelmente morrer de doenças fáceis de curar e ferimentos que poderiam ser tratados. Quando entramos, olhei para a nossa equipe e vi os rostos assustados deles. O hospital estava lotado de pessoas sofrendo. Em cama após cama, pessoas estavam gemendo em agonia, em coma, pareciam devastadas e sem esperança. A equipe amarrava pernas quebradas com corda em vez de usar tipoia porque não tinham os recursos adequados. Braços quebrados eram enrolados com gaze e fita em vez de gessos. Bebês desnutridos que mal conseguiam se manter vivos.

Inesperadamente, senti uma ousadia tomar conta de mim. Reuni nossa equipe (a maioria eram adolescentes) em um canto e disse: "Não estamos aqui só para visitar e assistir a essas pessoas sofrerem e morrerem. Devemos orar por elas com fé! Vocês não precisam de uma oração específica ou perfeita— apenas peçam a Deus que as cure, e Ele fará o milagre. Não tenham medo! Vocês não estão curando elas— Deus está. Apenas estejam dispostos a orar!" Com isso, todos saíram e começaram a orar.

De repente, as pessoas começaram a correr até mim, me puxando para mostrar o que estava acontecendo! Milagres começaram a acontecer ao nosso redor. As pessoas ficavam em choque porque não sabiam o que estava acontecendo, então chamaram enfermeiras de todos os lugares. A maioria dos membros da nossa equipe não conseguia entender o que elas diziam porque não falávamos espanhol e elas não entendiam inglês. Só tínhamos alguns tradutores conosco. Meu tradutor correu até mim e disse que as enfermeiras e familiares dos pacientes queriam saber o que os nossos jovens tinham dito e o que tinha acontecido, porque a dor e a doença de muitos pacientes tinham sumido!

Lembro de um homem cujo cavalo o derrubou alguns dias atrás, fazendo-o bater a cabeça em uma pedra. Ele estava em coma desde então. Seu primo tinha ficado ao lado dele durante os três dias, esperando que ele reagisse de alguma forma. Começamos a orar por ele, e de repente os seus olhos se abriram. Ele se sentou rapidamente na cama e olhou ao redor do quarto! Seu primo começou a gritar: "O que está acontecendo? O que está acontecendo?", em espanhol. Pedi para o meu tradutor explicar quem é Cristo, que Ele morreu na cruz pelos nossos pecados e que pode curar nossos corpos. O primo do rapaz que estava em coma começou a chorar. Ele nos agradeceu repetidas vezes. Perguntamos se ele queria entregar a vida a Jesus e aceitá-Lo como seu Senhor e Salvador. Ele disse sim! Nós o guiamos em uma oração simples, e Deus fez o resto.

Isso aconteceu várias vezes até que o médico chefe veio falar comigo. Achei que estávamos encrencados e que iriam nos expulsar, mas esse não foi o caso. Ele queria saber o que estava curando as pessoas e se eu poderia explicar isso para todos os médicos e enfermeiros do hospital. Respondi que sim (é claro!). Entrei em uma sala grande nos fundos, onde todos os médicos e enfermeiros do hospital estavam esperando para me ouvir. Me senti muito honrada, mas também com profunda humildade. Ali estavam esses profissionais dedicados, trabalhando em um hospital onde ninguém queria trabalhar (muito menos entrar)— pessoas instruídas— querendo ouvir sobre o nosso grande Deus! Eu estava pronta para aquilo.

Chamei minha tradutora comigo e pedi para ela começar a orar em línguas. (Naquele momento, nem pensei que isso poderia pare-

cer estranho para eles, porque já era algo muito natural para mim.)
Então lá estávamos nós, minha tradutora e eu, orando em línguas enquanto uma sala cheia de médicos e enfermeiros assistiam.
Nenhum deles sabia o que estávamos fazendo. Depois, eu parei e
expliquei a eles o que era o falar em línguas e disse que, se eles
quisessem, bastava pedir ao Deus de quem eu estava prestes a falar,
e Ele lhes daria esse presente. Contei tudo sobre Jesus e os milagres dEle. No final, conduzi todos eles em oração, e eles repetiram
comigo, entregando suas vidas a Cristo! Foi um dia incrível— um
que eu jamais esquecerei. Fizemos muitas viagens missionárias ao
México durante os três anos em que moramos em Spokane. Em
uma outra viagem missionária, a vergonha foi quebrada da minha
vida para sempre.

Meu marido e eu íamos pregar em um acampamento de jovens na
nossa igreja missionária em Tepic, Nayarit. Eu estava programada
para pregar em um dos cultos da manhã, e sentia fortemente que
deveria falar sobre vergonha. No começo, fiquei preocupada achando que talvez eu só quisesse falar sobre isso porque era algo com o
qual eu mesma lutava. Mas, toda vez que eu duvidava desse sentimento de que deveria falar sobre vergonha, ele só ficava mais forte.
Eu tinha a convicção de que aquele culto seria poderoso. O que eu
não sabia era que também desbloquearia algo dentro de mim!

Na noite anterior à pregação, eu estava nervosa— mas era um
nervoso de ansiedade boa. Eu me sentia pronta. Tinha confiança
de que Deus iria me usar. Além disso, o tema era pessoal. Eu queria
que outras pessoas fossem libertas da vergonha para que pudessem
cumprir tudo aquilo que Deus as chamou para fazer. Enquanto estudava a Bíblia, percebi que a vergonha começou lá no começo, em
Gênesis— com Adão e Eva. A maioria de nós conhece a história
de Adão e Eva, as duas primeiras pessoas que Deus criou na Terra.
Deus deu a Adão e Eva liberdade para cuidarem de toda a criação
e desfrutarem de tudo o que Ele havia feito, com exceção de uma
única coisa no Jardim do Éden: a Árvore do Conhecimento do Bem
e do Mal. Um dia, a serpente veio e os tentou, colocando dúvida
diante deles e dizendo: "Foi isso mesmo que Deus disse...?" Eles

ouviram e permitiram que a serpente plantasse sementes de desejo egoísta e impureza dentro deles, ao mesmo tempo em que fazia com que duvidassem daquilo que Deus havia dito. Isso levou Adão e Eva a cederem à tentação e comerem o fruto da árvore proibida. Eles pecaram contra Deus. O Senhor falou com eles, questionando o que tinham feito. Eles logo perceberam que estavam nus e se cobriram com folhas. Tentaram fugir e se esconder de Deus, mesmo quando Ele os chamou e foi atrás deles no jardim. *Hmmm, eles pecaram. Deus foi atrás deles. E então eles correram e se esconderam. Isso me soava familiar.*

Eu já tinha ouvido essa história muitas vezes, mas ler dessa vez foi diferente. Era como se as palavras da página saltassem para fora, como naqueles livros infantis em 3D. As letras se destacavam de forma tão vívida: "correram", "esconderam-se" e "se cobriram."

Era exatamente isso que eu havia feito por anos! Tudo começa desobedecendo a Deus, o que leva ao pecado. Isso, então, gera separação de Deus (correr e se esconder) e, por fim, vergonha (nos cobrirmos). Eu aprendi que somos nós quem nos separamos de Deus! Ele nunca foge de nós nem nos rejeita. Somos nós que corremos para longe dEle! Na verdade, quando falhamos e pecamos, é Ele quem vem atrás de nós!

Fomos enganados a acreditar que, se pecarmos, Deus não vai mais querer nada conosco— então, achamos que temos que fugir d'Ele. Enquanto isso, Ele continua nos chamando. Eu percebi que, por tempo demais, tinha permitido a voz da serpente ser mais alta no meu ouvido do que a voz de Deus. E vale lembrar: a voz da serpente pode vir através de pessoas. Pode falar por meio de pessoas que a gente ama: amigos, familiares, professores ou qualquer outra pessoa! Não importa de onde venha a voz da serpente— precisamos negar essa voz e buscar ouvir a voz de Deus. Ele vai falar com você. E, quando Ele falar, obedeça! Ele ama falar com seus filhos e filhas, e Ele vai falar com você constantemente! Ore essa oração todos os dias— a oração que Samuel fez na Bíblia em 1 Samuel 3:10: *"Fala, porque o teu servo está ouvindo."* E Ele vai falar! A voz dEle às vezes vem como um sussurro, ou como um pensamento rápido que invade a sua mente e o seu espírito, e muitas vezes carrega junto revelação e entendimento. A voz de Deus vai te desafiar. Frequentemente, será algo que vai te esticar, te curar e te fazer crescer, à medida que você obedece. Ele também fala para te dar sabedoria. Isso era algo que eu pedia a Deus constantemente! Eu tinha bem pouca (se é que tinha alguma) na minha vida antiga, e agora estava pronta para tomar decisões que agradavam a Deus e conduziam a mim e aos outros com sabedoria, e não com tolice.

A vergonha tem sido, desde o princípio dos tempos, uma ferramenta do diabo para enganar as pessoas e afastá-las de Deus. Ela nos faz achar que queremos coisas que não são boas para nós (coisas que em algum momento sabíamos que não eram boas)— mas, de repente, achamos que tudo bem. Olha aí, isso resume bem o meu passado inteiro. Eu tinha sido tão enganada! E o tempo todo em que vivi daquele jeito, eu não fazia ideia de que havia uma influência demoníaca me conduzindo para as trevas que eu experimentei. Eu achava que era tudo culpa minha! Quer dizer— sim, fui eu quem tomou todas as decisões, mas eu estava claramente sendo guiada pela influência errada.

Fomos enganados a acreditar que, se pecarmos, Deus não vai mais querer nada conosco— então, achamos que temos que fugir d'Ele.

É claro que, quando a gente está no meio da situação, isso não é tão claro assim. O mais louco é que, quando caímos na tentação, achamos que vamos nos sentir melhor— mas, na verdade, estamos apenas empilhando mais e mais vergonha sobre nós, dando cada vez mais território para a influência demoníaca agir na nossa vida. É por isso que tantas pessoas (inclusive eu) tentam o suicídio (e, infelizmente, muitas conseguem). Eu achava que estava escolhendo a "vida divertida", mas nunca fui feliz de verdade e nunca experimentei alegria ou paz. Só fui experimentar isso quando me rendi totalmente a Deus— e passei a viver isso todos os dias. Eu não via a hora de compartilhar o que havia descoberto sobre a vergonha— aquilo já estava transformando a minha vida!"

Na manhã seguinte, acordei, me arrumei e orei durante toda a manhã. Peguei minhas anotações, minha Bíblia e fui para o culto. Lembro que o louvor naquela manhã foi incrível, e eu me sentia tão pronta!

> **Observação:** Eu menciono muito o louvor porque ele é uma arma de guerra. Assim como orar em línguas e interceder são armas espirituais, o louvor também é. Satanás é extremamente ciumento do nosso louvor. É por isso que ele luta tanto pela nossa atenção— porque ele tem inveja da nossa identidade e filiação em Cristo. Ele quer que você o adore, porque quer roubar o que Deus mais valoriza: você. Seu louvor a Jesus coloca o diabo debaixo dos seus pés! Seu louvor é poderoso! Davi era um adorador, e a Bíblia diz que ele venceu um leão, um urso e depois um gigante, antes mesmo de se tornar um grande rei! E quer saber de uma coisa? A adoração dele nunca mudou! Ele adorava com a mesma intensidade e entrega quando era apenas um pastor de ovelhas e também depois, como rei." E foi essa adoração que trouxe vitória após vitória para ele! O seu louvor te conduzirá de vitória em vitória!

O seu louvor te conduzirá de vitória em vitória!

Quando peguei o microfone, avisei que aquele não seria um culto normal, daqueles para anotar tópicos, e que eles precisavam abrir o coração. Eu sabia que Deus faria uma "cirurgia no coração" de muitos daqueles jovens. Comecei a pregar, e a presença de Deus tomou conta do lugar. Lembro de olhar para os rostos daqueles adolescentes, e enquanto as lágrimas escorriam pelo rosto de muitos deles, eu sabia que a mensagem estava alcançando seus corações. Fiz o apelo para quem queria ver a vergonha quebrada sobre a sua vida, e praticamente todos foram à frente! Comecei a orar por eles, e todos nós sentimos a maravilhosa presença de Deus. O resto da semana foi só testemunho atrás de testemunho de como Deus havia curado corações e quebrado a vergonha sobre vidas (afinal de contas, esse era o título da minha pregação: "Quebrando a Vergonha").

Eu me sentia tão livre— livre para falar do meu passado, livre para ministrar— livre da vergonha! Lembro do Landon me dizendo, naquele dia, que ele nem precisava mais pregar o resto da semana— que quem deveria pregar era eu! Considerei aquilo um grande elogio, vindo do meu marido, já que eu o considerava o maior pregador de todos. Depois de Deus, foi o Landon quem tornou possível para mim pregar aquela mensagem. Ele nunca desistiu de mim, nem quando eu tentava desistir de mim mesma. Ele estava ali, na primeira fileira, torcendo por mim enquanto eu estava lá na frente, torcendo e encorajando aqueles adolescentes!

Minha paixão era as pessoas. Onde quer que eu estivesse, eu queria encorajá-las a sonhar mais alto, a viver com mais pureza e a fazer tudo aquilo para o qual Deus as havia chamado. Minha paixão também era a liberdade! Minha paixão era que todos pudessem ter um encontro verdadeiro com Deus, recebendo cura e libertação! Afinal, foi para isso que Ele pagou o preço na cruz— para que fôssemos livres, curados e restaurados! Que honra!

Deus estava me usando— eu, uma pessoa quebrada— para amar outras pessoas que também estavam quebradas. Eu era a prova viva de que, não importa o que você tenha feito ou por onde tenha passado, Deus pode e quer te usar. Se você permitir, Ele vai te surpreender!

PERGUNTAS PARA VOCÊ

1. Você tem vivido com vergonha? De quê? Por quê? Escreva isso. Troque isso agora pela liberdade e ousadia de Deus, assim como eu fiz! Escreva como você se imagina livre dessa vergonha!

2. Você já compartilhou o seu testemunho antes? Pessoalmente, um a um com os outros? Publicamente, diante de grupos? O que você sentiu ao compartilhar com os outros? Que frutos vieram disso? Se você nunca compartilhou, por que não compartilhou? Escreva as razões— e depois escreva as razões pelas quais você deveria compartilhar!

3. Escreva uma linha do tempo da sua história. Depois comece a detalhar os momentos dessa linha do tempo, como se você estivesse contando para alguém, face a face, sobre esses momentos. Depois preencha com histórias que aconteceram entre esses momentos— escreva em detalhes. Não tenha medo de mexer em coisas do passado. À medida que você trouxer essas memórias à tona, você estará iluminando com a luz de Jesus! Quando você faz isso, não há escuridão que possa se esconder e te controlar. Isso é liberdade. Isso é cura!Escreva uma lista de nomes de pessoas com quem você pode compartilhar o seu testemunho. Comece por algum lugar! Pode ser familiares, conselheiros, professores, amigos ou completos desconhecidos. Mas comece a arrancar a vergonha contando partes ou todo o seu testemunho para as pessoas. Faça planos de quando e com quem você vai compartilhar!

É HORA DE ESCREVER A SUA HISTÓRIA...

8

A VIDA AGORA

Minha vida hoje é indescritível! Minha gratidão a Deus não tem fim! Quando vou agradecê-Lo, não sei por onde começar e onde terminar. É uma tarefa quase impossível diante de onde Ele me tirou e do que Ele me trouxe— mas, ainda assim, a mais necessária de todas. A missão da minha vida é contar ao maior número de pessoas possível sobre a bondade de Deus— que Ele é, sem dúvida, real e que pode estar presente na vida delas também! Já contei a minha história para muitas pessoas. Muitas delas eram cristãs, algumas haviam se afastado de Cristo e, depois que ouviram a minha história, quiseram dedicar novamente suas vidas a Ele, e outras— minhas favoritas— nunca haviam conhecido Jesus, mas, a partir dali, queriam conhecê-Lo!

Uma vez, organizamos um lava-jato com os jovens para arrecadar dinheiro para uma viagem missionária. Uma senhora se aproximou de mim com algumas perguntas enquanto esperava o carro dela ficar pronto. Ela me perguntou se eu era cristã. Eu respondi que sim. Com um tom de deboche, ela disse: "Você não acredita mesmo nessas coisas, acredita?"

Eu olhei para ela com um grande sorriso e disse: "Bem, sim, eu acredito com certeza. Foi por isso que eu disse que sou cristã." (Eu estava tentando não me irritar com o tom arrogante e a pergunta provocativa dela).

Ela então me disse que era ateia, que não existia nenhuma prova de nada do que eu acreditava e que, definitivamente, não acreditava em todas aquelas histórias da Bíblia. Ela disse que, mesmo que existisse um Deus lá em cima, com certeza ela nunca havia experimentado nada que se parecesse com algo divino.

"Só porque você nunca experimentou nada divino, não significa que Ele não seja real", eu disse. "Muitas pessoas já viveram milagres."

Ela tentou argumentar que sempre havia uma explicação lógica para esses supostos milagres e que, às vezes, as coisas eram apenas coincidências da vida. Eu fiquei animada com a resposta que estava prestes a dar, porque sabia que estava prestes a virar o raciocínio dela de cabeça para baixo. Então, comecei a contar uma história.

No primeiro verão em que eu e Landon começamos a namorar (antes de anunciarmos nosso relacionamento para a igreja e para o grupo de jovens), ele servia como pastor de jovens na igreja do pai dele. O acampamento de verão anual dos jovens estava se aproximando, e ele me convidou para ser uma das líderes de cabana. Eu, é claro, disse que não, porque não me sentia pronta, mas ele, como sempre, disse que eu seria ótima naquilo. A semana toda seria repleta de jogos e competições entre as cabanas, então eu coloquei na cabeça que queria vencer! (Ah, isso era bem a minha cara! E, para falar a verdade, ainda tenho um pouco disso em mim.)

Quando o acampamento começou, comecei a colocar meu plano de vitória em prática com as meninas da minha cabana, animando todas para a gente ganhar. Infelizmente, minha coluna estava me matando de dor a semana inteira. No último ano do ensino médio, os médicos descobriram que eu tinha uma leve escoliose em duas partes da coluna. Na época, isso praticamente me tirou de todas as atividades esportivas. Eu fazia fisioterapia algumas vezes por semana, enquanto eles tentavam alinhar minha coluna para evitar uma cirurgia. Com as camas horríveis do acampamento e todas as atividades, eu estava com muita dor nas costas.

Em um dos cultos à noite, tivemos um pregador convidado. Eu e meu grupo estávamos sentadas na última fileira. (E eu, claro, tinha feito questão de planejar isso.) No meio da pregação, o pastor parou e disse que Deus estava falando com ele sobre alguém no auditório que tinha escoliose e que Ele queria curar essa pessoa. Na hora, senti um nó no estômago e fui me encolhendo na cadeira. Imaginei que devia ser alguém com a coluna muito torta ou algo assim, mas, só por precaução, queria sair do campo de visão dele. Assim, ele não me chamaria lá na frente!

Mas então ele começou a dar mais detalhes: "Essa pessoa tem escoliose leve em duas partes da coluna, e Deus quer curá-la ou curá-lo hoje à noite! Eu vou esperar com paciência até que você venha aqui." E ele ficou lá, quieto, na frente de todo mundo, enquanto eu começava a suar frio.

Ele tinha acabado de descrever exatamente o meu diagnóstico! Meu Deus! De repente, senti um leve empurrãozinho nas minhas costas e, então, me levantei e comecei a andar devagar pelo corredor. Era como se alguém estivesse me conduzindo até o altar. Quando estava no meio do caminho, comecei a surtar por dentro, pensando: "O que você está fazendo?" Eu não fazia ideia. Nem parecia que tinha decidido levantar e ir até lá, mas o fato é que eu já estava a caminho!

Quando cheguei à frente, o pregador olhou nos meus olhos e disse: "Eu sabia que era você, mas queria que você tomasse essa decisão por si mesma." Em seguida, ele começou a orar por mim e pediu para que todos estendessem as mãos na minha direção e se juntassem em oração. Eu senti uma força incrivelmente poderosa— algo que nunca tinha sentido antes. Era um poder suave, se é que isso faz sentido, mas um poder libertador. Quando terminaram de orar, eu saí correndo ao redor da tenda onde estávamos. Mal me lembro do que aconteceu, mas definitivamente eu nunca tinha feito isso antes. Os jovens começaram a fazer o mesmo, e o lugar inteiro ficou em êxtase! Que noite! Deus tinha me curado! Ele parou todo aquele culto só para falar diretamente comigo e curar minhas costas. E eu lembro bem como dormi profundamente naquela noite! (E para completar, o time das minhas meninas venceu todas as outras vinte equipes, inclusive os times dos meninos, e ficamos em primeiro lugar! Eu não estava para brincadeira!) Que semana incrível!

Quando voltei para casa depois do acampamento, lembro de correr até minha mãe e dizer: "Eu fui curada!" Ela respondeu: "O quê?" Contei toda a história e disse que precisava voltar ao médico para fazer outro exame de ressonância magnética.

Então lá estava eu, no consultório, esperando o médico entrar e me entregar o resultado. Ele entrou, apagou a luz e colocou duas imagens na tela— o antes e o depois. E, antes mesmo de ele dizer qualquer coisa, eu já conseguia ver claramente duas imagens diferentes.

Quando reconhecemos que milagres acontecem, precisamos reconhecer o Autor deles.

Na minha imagem de antes do acampamento, eu vi duas curvas que eu já tinha na parte superior e inferior da minha coluna. Na imagem feita depois do acampamento, minha coluna estava completamente reta. O médico disse que os alongamentos que ele tinha me passado deviam ter funcionado muito bem, mas eu percebi pelo olhar dele que ele não tinha uma explicação real para aquilo. Sorrindo de orelha a orelha, eu disse para ele: "Não, foi Deus! Deus me curou!"

Depois que terminei de contar essa história para a senhora lá no lava-jato, olhei bem nos olhos dela e disse: "Explica essa para mim?" Ela não disse nada, porque não havia truques nem coincidências, e havia um laudo médico claro, então não havia outra explicação— foi um milagre de verdade. (Atos 4:14: *"E, como podiam ver ali com eles o homem que fora curado, nada podiam dizer contra eles."*) Eu disse a ela que precisava haver um poder maior, mas que eu não estava ali para discutir a Bíblia com ela. Eu queria desafiá-la a pensar além de uma perspectiva humana limitada e começar a perguntar e buscar de onde vêm os milagres. Quando reconhecemos que milagres acontecem, precisamos reconhecer o Autor deles. Milagres são reais, e Deus também.

Ela me respondeu dizendo: "Eu não tenho resposta para isso. Parece mesmo um milagre. Você é uma garota de sorte." Ela começou a se afastar, e eu gritei: "Se você mantiver seu coração aberto, você também vai experimentar um!" Ela sorriu para mim e foi embora.

Deus já fez tanto por mim. Eu poderia passar horas falando de tudo o que Ele já fez! No fim das contas, o que eu mais quero é que o restante da minha vida seja sobre o que eu posso fazer— e farei— por Ele.

Um tempo atrás, enquanto eu ainda estava passando pelo meu processo de cura e começando a enxergar tudo com mais clareza, eu tinha tantas perguntas sem resposta. Isso é normal no processo— sentir o coração doer ou lamentar aquilo que está errado é sinal de que o seu coração está encontrando vida outra vez.

Depois de muita cura interior, percebi que não poderia passar a vida questionando e culpando todo mundo pelos meus erros. Eu não podia permitir que meu coração ficasse amargurado com meu pai, com pessoas da igreja ou com qualquer outra pessoa, porque, no fim das contas, a maneira como eu ajo e vivo vai afetar o tipo de legado que eu vou deixar.

Quando você recebe uma cura verdadeira, pode deixar um legado verdadeiro.

Demorou muito para eu chegar ao ponto de começar a pensar sobre o legado. Às vezes, ficamos tão presos em culpar os outros que acabamos cometendo os mesmos erros que eles cometeram e deixando o mesmo tipo de legado: um legado ruim— ou nenhum. Se eu culpo, não assumo responsabilidade. Se não assumo responsabilidade, não sou curada. Se não sou curada, não deixo legado. E se não deixo legado, então que tipo de pessoa eu sou? E quem Deus foi na minha vida? Ninguém vai saber! Eu quero que meus filhos e os filhos deles saibam tudo o que Deus fez na minha vida! Quero deixar para eles uma herança de amor, sabedoria, fé, liberdade e muito mais.

Olhe além das circunstâncias em que você está agora e aprenda a liberar e perdoar! O perdão vai te trazer liberdade, e a liberdade vai te trazer muita cura! Quando você recebe uma cura verdadeira, pode deixar um legado verdadeiro.

LEGADO

Hoje, eu e Landon moramos em Fort Worth, no Texas, e temos três filhos: Payton, Preston e Jackson Porter. (E também planejamos adotar! Falamos e oramos sobre adoção desde o nosso primeiro encontro!) Nossos filhos têm sido as maiores bênçãos das nossas vidas. Payton adora a Deus desde que ela conseguiu levantar os braços, e dança e louva a Ele desde que aprendeu a andar. Payton significa "guerreira espiritual", e Olivia significa "paz." Os nomes se completam lindamente— um nome forte e firme nas coisas do Senhor, enquanto o outro representa a paz sobrenatural do Senhor, a mesma coisa que me atraiu à presença dEle.

O nome da minha mãe significa "guerreira", e eu já recebi muitas palavras proféticas dizendo que sou uma "guerreira espiritual." Na verdade, por muito tempo, eu achei que o meu nome, Heather, não significava nada de importante ou poderoso. Durante anos, pensei isso sobre o meu nome, e de vez em quando até fazia piada, porque ele significa "flor." Sempre pensava: "Poxa, por que eu não poderia ter um nome que significasse algo como "escolhida de Deus", ou "muito favorecida", ou algo espiritualmente forte como outros nomes que conheço?"

Até que em uma noite, em um culto que Landon e eu estávamos liderando, enquanto eu estava grávida da Payton, o pregador convidado estava lá em cima pregando uma mensagem cheia do fogo de Deus, e de repente ele parou no meio da pregação, olhou para mim e disse: "Heather, o Senhor está falando comigo sobre o seu nome. O que o seu nome significa?"

Eu acenei para ele continuar pregando, porque até aquele momento ele estava indo muito bem! Pensei: "Ai meu Deus, isso não vai dar certo… e ele estava pregando tão bem!"

Mas ele insistiu: "Me diz, o que o seu nome significa?"

"Flor", eu respondi.

"Hmm… eu consigo trabalhar com isso", ele disse.

"Boa sorte", pensei.

Ele então fez um sinal para alguém da equipe de mídia lá no fundo procurar uma imagem da flor heather e colocar na tela quando a encontrassem. Ele continuou pregando até que, alguns minutos depois, apareceu no telão uma imagem da flor heather, junto com a foto de uma rachadura no concreto. Ao lado da palavra heather, estava escrito: "planta do romper" (breakthrough plant).

O artigo começava descrevendo que, embora a flor heather seja pequena e bonita, ela é extremamente forte— a ponto de ser praticamente impossível matá-la! Ela sobrevive nos ambientes mais hostis, desde desertos com calor escaldante até invernos com temperaturas congelantes. E ainda dizia que, mesmo se derramarem concreto sobre ela, ela rompe o concreto para crescer e sobreviver.

Enquanto eu lia aquelas palavras, o poder de Deus me alcançou, e o pregador começou a profetizar sobre mim e sobre o significado do meu nome. Aquilo que o inimigo havia tentado usar para me envergonhar, Deus não permitiria que eu continuasse acreditando. Eu chorei, chorei muito. Foi a primeira vez que fui verdadeiramente grata pelo meu nome e entendi que, independente da forma como meus pais o escolheram, Deus tinha um plano e um propósito espiritual para o significado dele. Naquele momento, fui lembrada de Jeremias 29:11: "'Porque sou eu que conheço os planos que tenho para vocês', diz o Senhor, 'planos de fazê-los prosperar e não de lhes causar dano, planos de dar-lhes esperança e um futuro'".

Naquele momento, eu estava grávida de um propósito, com a Payton no meu ventre, depois de duas perdas anteriores. E eu sabia que agora estava pronta para dar à luz a esse propósito e administrar os planos de Deus que não estavam só sobre a minha vida, mas sobre a vida dela também. Eu estava completamente convencida de que Payton, que significa "guerreira espiritual", era o nome que

Deus tinha dado a ela— e que ela não carregaria maldições geracionais, mas sim um legado geracional!

Essa é a coisa mais gratificante para os pais: criar meus filhos no fruto do doloroso processo de cura a que eu me submeti por anos (e ainda continuo me submetendo), para ser uma pessoa mais saudável, de forma que aqueles ao meu redor também possam caminhar no fruto da minha jornada com o Senhor. E já hoje, ela tem vivido uma vida tão diferente da que eu vivi— e não há nada mais precioso para mim do que ver meus filhos amando o Senhor! Ela é sábia além da sua idade, apaixonada por justiça, e é uma alegria completa vê-la com sua paixão pela vida, por Deus e pelas pessoas.

Preston também veio ao mundo de uma forma sobrenatural! Eu tinha acabado de sofrer meu terceiro aborto espontâneo, apenas alguns dias antes de Landon e eu liderarmos uma caravana para Israel. Eu estava devastada. Porque, como já tínhamos a Payton, nosso bebê que marcou um novo tempo, eu tinha certeza de que não enfrentaria mais esse tipo de perda. Mas enfrentei. Eu lutei muito com a decisão de ir ou não nessa viagem, mas sabia que não podia ficar. Se eu deixasse de ir a essa viagem para Israel, eu me afundaria em depressão e luto. Eu precisava seguir, especialmente para Israel— porque eu sabia que encontraria Deus ali— e eu precisava disso! Mas pedi ao Landon que me tirasse da programação de pregações da viagem, para que eu pudesse apenas viver meu processo de cura.

Ninguém naquela viagem sabia o que eu tinha acabado de passar, além de mim e do Landon. Meu corpo ainda mostrava os sinais do aborto espontâneo, e provavelmente eu teria semanas pela frente lidando com isso. Os médicos tinham dito que a gente não poderia tentar outro bebê por pelo menos três meses.

Então, seguimos para Israel. Assim que desembarcamos, eu senti o Senhor tão perto de mim— como se Ele estivesse pronto para corresponder à minha expectativa de encontrá-Lo ali— mas Ele fez muito além do que eu esperava!

Nas minhas manhãs de encontro com Deus, comecei a sentir dentro de mim uma mensagem do Senhor sobre a ressurreição, da morte para a vida, e me vi ministrando em frente ao túmulo dEle, ou em um dos outros túmulos ali. Comecei a chorar e a dizer ao Senhor: "Não, eu não estou pronta. Ainda estou me curando." Eu propositalmente não contei nada para o Landon, porque ele sempre foi daquele tipo que me encorajava a falar, me levantar e obedecer ao Senhor, não importa o que acontecesse. Então, guardei aquilo só para mim.

No dia seguinte, seguimos para o Monte das Bem-Aventuranças, onde Jesus fez um de Seus famosos ensinamentos, o Sermão do Monte. Um dos pastores da viagem estava ministrando, e então disse que Deus queria curar pessoas ali, naquele momento. Um dos integrantes da equipe começou a tocar violão e a cantar enquanto caminhava orando pelo grupo. De repente, eu senti o poder de Deus me envolver e comecei a chorar incontrolavelmente. Foi um dos momentos mais poderosos que já tive com Deus, ali no Monte das Bem-Aventuranças, olhando para o Mar da Galiléia. Deus curou o meu corpo naquele instante! O sangramento parou! Eu fiquei completamente quebrantada. Chorei intermitentemente o dia inteiro! Ele foi tão bom comigo… mais uma vez, respondeu ao meu clamor e ao meu coração despedaçado com Seu amor sobrenatural e Sua cura.

Alguns dias depois, seguimos viagem para Jerusalém— uma cidade que Landon e eu amamos! Eu continuava sentindo aquele mover sobre ministrar no túmulo, mas estava aproveitando tanto esse tempo pessoal e íntimo com o Senhor que ainda não estava pronta para dividir isso com o Landon. O Senhor, em Sua graça e paciência, respeitou o meu tempo enquanto eu ainda estava me curando emocionalmente.

E então descobrimos que o nosso pai espiritual, John Paul Jackson, também estava em Jerusalém na mesma época, liderando uma caravana! O Landon conseguiu entrar em contato com ele, e todos nós ficamos tão animados em poder nos encontrar na nossa cidade favorita no mundo! Ele nos convidou, naquela noite, para subir no terraço do quarto dele, com vista para Jerusalém. Parecia algo sobrenatural— e foi um momento que eu jamais vou esquecer: sentados, conversando com o nosso pai espiritual em um terraço lindo, sob as estrelas brilhando sobre nós e naquela que, para mim, é a cidade mais incrível do mundo!

Em um certo momento da conversa, John Paul fez uma pausa, olhou para mim— sem saber de nada sobre o aborto espontâneo que eu tinha sofrido poucos dias antes— e disse: "Heather, você vai engravidar de um menino até o final do ano." Eu comecei a chorar e contei para ele que eu acabei de passar por um aborto espontâneo, mas que Deus tinha acabado de curar o meu corpo. Nós sorrimos, agradecemos muito por aquela palavra tão encorajadora, mas eu sabia que isso seria mais um milagre, por causa do que os médicos tinham dito sobre esperar três meses antes de tentar novamente. E aquilo era em meados de novembro! O milagre no Monte das Bem-Aventuranças estava prestes a ser testado! Mas, por toda a glória e a maravilha de Deus, isso não seria nada para Ele.

E um mês depois, em dezembro— antes do fim do ano, exatamente como John Paul tinha dito—, descobrimos que eu estava grávida! Nove meses depois, nasceu nosso primeiro filho, Preston Noah. Quando eu estava com cerca de sete ou oito meses de gravidez, alguém liberou uma palavra profética sobre a vida dele— de que ele seria como um Noé em sua geração e se levantaria em favor da justiça. Por isso o nomeamos Preston Noah, mais um testemunho da redenção de Deus.

Para concluir a história sobre o que Deus fez comigo em Israel: eu preguei aquela mensagem que Deus vinha direcionando no meu coração bem em frente ao túmulo de Jesus. Chorei durante toda a mensagem enquanto testemunhava para todos sobre o meu aborto espontâneo e como Deus havia me curado durante aquela viagem. Todo mundo chorou comigo. Deus encheu aquele túmulo enquanto eu ministrava sobre como "a morte gera vida!" Deus trouxe vida para aquele túmulo naquele dia! Todos nós adoramos e choramos na *Sua presença*— mais um momento que eu jamais esquecerei. E até hoje, aquele é um dos meus lugares favoritos no mundo para ministrar. E o Senhor tem me lembrado, vez após vez: Ele é o doador da vida!

Nosso terceiro filho, Jackson Porter, também foi nada menos do que um milagre. Havíamos perdido nosso pai espiritual, John Paul Jackson, poucos meses depois do nascimento do Preston. Então, Landon quis honrar o legado que ele nos deixou, colocando o nome do nosso próximo filho em homenagem a ele. (Nós oramos pelos nossos filhos durante anos e, muito antes de começarmos a tentar engravidar, sentimos Deus nos mostrar que teríamos uma menina, depois um menino e depois outro menino. E foi exatamente isso que Deus nos deu!) Eu sabia que queria que todos os nomes dos meus filhos começassem com a letra P e já tinha escolhido Porter, que significa "guardião dos portões." Graças a Deus, John Paul Jackson tinha um P no nome. Na verdade, nós chamávamos o John Paul de "JP", então sabíamos que nosso próximo filho, Jackson Porter, também teria o apelido de JP.

Descobrimos a gravidez no ano anterior a fundação da Igreja Mercy Culture, em Fort Worth, Texas. Estávamos em um tempo de transição, mas Deus sempre gerou ministérios em nós ao mesmo tempo em que Ele nos dava nossos filhos. Eu recebi várias palavras proféticas dizendo a mesma coisa: "Assim como você dará à luz sobrenaturalmente o seu bebê, você também dará à luz sobrenaturalmente a Igreja Mercy Culture." Houve muitas outras palavras proféticas liberadas sobre ele, mas essa sempre ficou marcada para mim, porque eu realmente dei à luz a Porter de forma sobrenatural, e de verdade nós também geramos a Igreja Mercy Culture sobrenaturalmente. Tive o trabalho de parto mais curto e mais tranquilo de todos os meus três filhos. Eu conversei quase o tempo todo, dei risada com a minha família— nada parecido com os partos da Payton e do Preston! Com a Payton, foram 42 horas de trabalho de um parto doloroso! Já com o Porter, eu dei à luz sem anestesia, sem remédio, sem nada— só eu e o Senhor.

Eu adorei e orei durante o parto e me senti tão perto de Deus. O Porter nasceu com um único empurrão, sem nenhuma complicação para ele ou para mim! Na verdade, saímos do hospital na noite seguinte, porque no dia seguinte eu já estava de pé, caminhando cheia de energia e alegria. E havia tanta alegria em todos nós com o nosso novo membro da família! E é exatamente isso que o

Porter representa para nossa família: uma alegria completa! Payton e Preston ficaram apaixonados por ele desde o primeiro dia, quando o trouxemos para casa do hospital.

Ele nos faz rir constantemente, e ele ri o tempo todo e tem um sorriso que contagia! Todo o rosto dele se ilumina e traz alegria para qualquer lugar onde ele entra.

O riso é uma arma; o riso alivia fardos pesados, cura corações partidos, quebra a intimidação e a devolve ao campo do inimigo! O riso é uma arma! Quando você ri na cara do inimigo diante das suas tentativas de distração, e tira o medo dele para colocar de volta no Senhor, as flechas de Satanás batem em você e retornam direto contra ele!" Não deixe sua alegria ou seu riso serem roubados!

O Senhor tem usado a alegria e o riso na vida de Jackson Porter como uma arma espiritual na nossa família. Ele também tem adorado conosco desde bebê, levantando as mãos e se curvando no chão durante os cultos e reuniões de oração da Igreja Mercy Culture. Criar seus filhos na presença de Deus é a melhor coisa que você pode fazer por eles! O Senhor pode agir nas vidas deles de uma forma que ninguém mais pode!

Três meses depois, inauguramos a Igreja Mercy Culture! Foi inacreditável e sobrenatural. Foi fácil! Acreditamos que tudo é fácil na Sua presença. Tudo fica difícil quando fazemos fora da presença d'Ele. Mas nEle, *é fácil!*

O dia da inauguração, no Domingo de Páscoa de 2019, o auditório estava lotado de pessoas e famílias, mas o mais importante, estava cheio da presença e da glória d'Ele! Desde o começo, a Igreja Mercy Culture nasceu no sobrenatural, e o sobrenatural nunca nos abandonou, porque tudo é de Deus! Houve incontáveis vidas salvas, milagres, pessoas alimentadas, pessoas libertas, curadas e entregues— foi inacreditável! Na verdade, pessoas viajam e se mudam para Fort Worth de todas as partes do mundo para ver o que está acontecendo na Igreja Mercy Culture, porque o que aconteceu vai além do que um homem ou mulher poderia construir— é algo que Deus construiu!

Nós já tínhamos passado por tanta religiosidade na igreja durante tantos anos que eu e Landon havíamos declarado um para o outro que nunca seríamos pastores. Estávamos gostando de sermos evangelistas— voar para um lugar, pregar uma mensagem e partir, deixando para trás todo o drama da igreja. Mas, seja lá o que você diga ao Senhor que não vai fazer, muito provavelmente é isso que Deus vai te chamar para fazer!

Nós já tínhamos experimentado igrejas construídas em torno de um homem— em torno da personalidade e dos dons dele— o que nos deixou extremamente decepcionados com a liderança da igreja. Fomos demitidos, ou "demitimos a nós mesmos", várias vezes por confrontar o pecado na liderança. Por isso, acabamos fazendo uma promessa um ao outro que, na verdade, não era a promessa de Deus sobre nós. Mas Deus é gracioso e paciente para curar e restaurar!

Um dia, o Senhor falou ao meu marido: "Construa isso em torno de Mim." O coração do meu marido saltou de alegria— uma igreja construída em torno da presença de Deus, e não de um homem! Ainda não tínhamos visto um modelo assim, mas se fôssemos ser pastores de uma igreja, essa seria a única maneira que aceitaríamos— se fosse construída ao redor dEle, e não ao nosso redor! Já tínhamos visto toda a pressão de uma igreja construída em torno de um homem e o impacto que isso teve nele e em sua família. Não queríamos isso para a nossa família, para o nosso casamento e para os nossos filhos. Mas, se realmente fosse obra de Deus, significava que não estaríamos construindo pela nossa força ou ideias, e sim buscando continuamente ouvir o que Ele queria. Isso já acalmava as nossas almas— uma igreja totalmente construída em torno da presença de Deus! Isso significava que nem eu nem o Landon precisaríamos pregar todo fim de semana! Não lideramos todas as reuniões. Não carregamos toda a visão, nem todas as partes da visão que Deus nos deu. E se alguma parte estiver faltando, paramos e perguntamos a Deus até termos unidade sobre o que Ele está dizendo. Foi assim que geramos a Igreja Mercy Culture— sobrenaturalmente— em torno da Sua presença, de quem Ele é, de Seus caminhos e seguindo Sua voz! Não construímos a Igreja Mercy Culture para nenhuma pessoa— nem para os perdidos, nem para os salvos. Construímos para Ele! E quando é dEle, Ele está presente da maneira mais linda. E quando Ele está presente, Ele atrai todos os homens e mulheres, de toda nacionalidade, raça e idade— Ele atrai todas as pessoas!

A Igreja Mercy Culture prosperou e cresceu sobrenaturalmente, mesmo em tempos difíceis que enfrentamos no nosso país! Geramos várias visões em ação, incluindo o Mercado Social, que oferece milhões de refeições para milhares de pessoas todos os meses!

Nós geramos a Justice Reform, que eu coordeno, tem a visão de "Responder ao clamor por justiça trazendo reforma de cidade em cidade." Somos totalmente dedicados a ser a voz dos que não têm voz, seja defendendo os não nascidos, salvando vidas de bebês do aborto, ou resgatando aqueles que são escravizados pelo tráfico sexual. Estamos construindo as Justice Residences, que são casas de restauração a longo prazo para vítimas resgatadas do tráfico. Também organizamos a Corrida pela Justiça, uma corrida para arrecadar fundos para os Justice Residences e conscientizar sobre o tráfico. (Para mais informações, acesse www.thejusticereform.com.) Estamos formando líderes políticos justos que governarão, criarão e aplicarão leis que protejam nossas crianças e famílias. Provérbios 29:2 diz: *"Quando os justos governam, o povo se alegra; mas quando o ímpio domina, o povo geme"*. Líderes maus mudaram o destino de nações na Bíblia, fazendo com que Deus retirasse a Sua mão dessas nações, e até as destruísse. Mas quando líderes justos governaram com verdadeira justiça, a mão de bênção e proteção de Deus estava sobre eles! Importa muito em quem votamos— localmente e nacionalmente. Importa quem está governando nossa nação, estados, cidades e escolas! Isso importa para a próxima geração e afeta o tipo de mundo em que eles viverão. Por isso, precisamos usar nossas vozes e vidas para liderar na justiça e na retidão celestial. Devemos deixar um legado para os nossos filhos que os deixe orgulhosos de seguir nossos passos! A Bíblia diz em Salmos 89:14:

"Retidão e justiça são a base do Seu trono".

Se o trono dEle é fundado na retidão e na justiça, nossas vidas também devem ser! E se encontrarmos a presença dEle diariamente indo até o Seu trono, devemos sair com um desejo e fome ainda maiores por retidão e justiça. Devemos crescer para refletir Ele! Não se trata de política, mas de sermos movidos pela justiça, assim como nosso Deus é!

Estamos nos divertindo muito! Sempre dizemos para a equipe, para a liderança e para as famílias: "Vida e ministério devem ser divertidos, ou você está fazendo algo errado!" Estou transbordando de alegria por fazer parte de um movimento lindo que Deus está realizando na terra! Eu vivo uma vida abençoada— uma vida pela qual sou muito grata e que não mereço, mas pela misericórdia de Deus estou aqui e sou imensamente agradecida!

Tenho um casamento e uma vida familiar incríveis. Adoro meu marido; somos um para o outro! Nós dois nos incentivamos constantemente a crescer e a ter mais encontros com o Senhor. Somos apaixonados um pelo outro, não apenas pelo que estamos construindo, mas, antes de tudo, apaixonados um pelo outro! Meus relacionamentos com todos os meus pais estão mais fortes do que nunca. Minha família inteira serve a Deus e O ama. Deus fez mais do que eu poderia pedir ou imaginar, e isso é a definição do sobrenatural!

Efésios 3:20 diz: *"Àquele que é capaz de fazer infinitamente mais do que tudo o que pedimos ou pensamos, de acordo com o seu poder que atua em nós, a Ele seja a glória na igreja e em Cristo Jesus, por todas as gerações, para todo o sempre"*.

Tenho que testemunhar sobre a minha família maravilhosa e tudo que Deus tem feito! Minha mãe é uma mulher guerreira, cheia de sabedoria e discernimento. Ela é minha melhor amiga e a melhor vovó dos meus filhos! Minha mãe é a pessoa favorita de todos os netos! Tenho muito da minha mãe em mim, e sou mais do que grata por isso.

Meu padrasto tem sido verdadeiramente um pai para mim— não apenas um padrasto. Ele tem sido uma bênção enorme para a nossa família. Não sei se teríamos conseguido sem ele. Sempre que havia caos (e certamente houve muito ao longo dos anos), ele era aquele que mantinha a calma e trazia a paz. Ele sustentou nossa família financeiramente quando éramos crianças e sempre trabalhou duro para nos dar além do necessário. Ele é o tipo de cristão que para o carro atrás de um banco para que ninguém o veja e vai até a esquina para entregar dinheiro a uma pessoa em situação de rua, sem falar nada para ninguém sobre isso.

Meus irmãos e eu temos um ótimo relacionamento entre nós. Todos sabemos que, a qualquer momento, se precisarmos um do outro, estaremos lá em um segundo. Eu valorizo muito o tempo que passo com todos os meus irmãos. Todos eles têm um propósito único e incrível dentro de si. O mais importante é que todos amam ao Senhor!

Meus avós são as pessoas mais doces. Eu nunca poderia pedir por avós melhores. Agora eu os vejo amar os meus filhos assim como me amaram quando eu era pequena. Eles sempre foram os avós que oram e nunca perderam a esperança. Meus pais e avós estão mais próximos do que nunca. Eles tem deixado um legado de amor.

E, por fim, meu pai— ele passou por uma transformação de vida dramática. Nosso relacionamento nunca esteve tão próximo como agora. Antigamente, tudo que tínhamos em comum eram coisas pequenas e superficiais, mas hoje podemos sentar juntos e conversar por horas sobre a minha vida, a vida dele, a Bíblia, o que o Senhor tem falado conosco, ou qualquer coisa. Temos um amor e respeito verdadeiros um pelo outro agora. Sou muito grata pelo quanto o meu pai sempre me amou. Muitos pais usam o divórcio como uma oportunidade para fugir e recuperar a "liberdade", mas o meu não. Independentemente dos erros que ele tenha cometido, meu pai sempre amou meu irmão e a mim. Ele tem sido o exemplo do que significa ser um verdadeiro trabalhador árduo. Meu pai também tem muito orgulho da vida que escolhi viver. Eu tenho orgulho dele e o amo.

Amo toda a minha família e sou grata por eles sempre apoiarem os meus sonhos— incluindo este livro! Tenho orgulho da família que tenho e sou grata por ter visto tudo que Deus fez em cada um de nós!

Que testemunho e história maravilhosa tem toda a minha família sobre o quanto Deus tem sido bom! Eu acredito que essa história pode ser a sua também! Mas a história não termina aqui, porque ainda há muitos sonhos para serem cumpridos. O futuro é brilhante para aqueles que temem ao Senhor! Provérbios 31:25 diz: "*Ela está vestida de força e dignidade, e sorri sem medo do futuro*".

PERGUNTAS PARA VOCÊ

1. Você já convidou o Senhor para entrar no seu coração? Se ainda não e quiser fazer isso, ore a oração no final deste capítulo comigo hoje. Será a melhor decisão da sua vida! Você precisa dedicar novamente a sua vida a Cristo porque não tem vivido uma vida com Ele? Talvez você tenha tomado decisões ruins que o afastaram desse lugar íntimo com o Senhor. Você também pode fazer essa oração!

2. Depois, escreva a data e a hora em seu diário. Escreva como você estava se sentindo nesse momento. Se você já entregou a sua vida ao Senhor e tem vivido para Ele, escreva quando fez essa entrega e como isso mudou sua vida.

3. Você precisa de libertação de algum vício, más escolhas, ataques mentais/emocionais ou padrões prejudiciais em sua vida (de algo que esteja impedindo você de viver a vontade perfeita de Deus?) Se sim, depois de orar a oração de salvação, vire a página e ore a oração de libertação sobre você, pedindo ao Senhor o Seu poder de libertação! Deus me libertou sobrenaturalmente de vícios e de tantas outras coisas, e Ele pode fazer o mesmo por você!

4. Agora escreva sobre isso. Do que Deus está te libertando? Trace uma linha na areia hoje! Do que Deus já te libertou? A partir de agora, quando você precisar de libertação de algo novo, isso será um lembrete de como Deus é bom! A fé vai te encher quando você ler essas palavras enquanto crer por algo novo!

5. Lembre-se: a liberdade é uma caminhada. Agora você pode viver essa vida com Jesus! Você nunca está sozinho! Mas quando a tentação vier, Jesus estará ao seu lado para te conduzir! Lembre-se, você não é sua tentação, e você tem o poder de recusar cair nela. Escreva quais são as suas maiores fraquezas e como o inimigo gosta de te atacar. Quando conhecemos as táticas dele e nossas fraquezas melhor do que ele, estamos preparados para enfrentá-las. (Por exemplo, eu sei que o inimigo adora atacar o nosso casamento quando estamos exaustos ou vivendo várias coisas ao mesmo tempo! Isso acontece em tempos empolgantes, mas também quando estamos correndo demais! Então, além de sermos consistentes com os nossos encontros diários com o Senhor, planejamos noites de encontro extras e até pequenos fins de semana para desacelerar. Você precisa saber como e quando o inimigo tenta te atacar para poder fechar esses portões!)

É HORA DE ESCREVER A SUA HISTÓRIA...

9

O FUTURO

Nós rimos sem medo do nosso futuro— é isso que fomos chamados para ser. Quando nos recusamos a temer pessoas, a sociedade, o governo, doenças ou o futuro e mantemos nossos olhos em Jesus, conseguimos manter nosso temor somente no Senhor! Em vez disso, rimos diante da adversidade, rimos diante da intimidação e rimos diante de qualquer coisa que venha contra nós, porque Deus está do nosso lado! Essa foi a postura de Davi e Elias na Bíblia. Ambos tinham relacionamentos íntimos com o Senhor e experimentaram milagres vindos Dele. Tanto Davi quanto Elias chegaram a momentos em que riram na cara de seus oponentes. Primeira Reis 18:27 diz: "*Ao meio-dia, Elias começou a zombar deles. 'Gritem mais alto!' dizia ele. 'Já que ele é deus, talvez esteja meditando, ou ocupado, ou viajando. Talvez esteja dormindo e precise ser despertado!'*".

Elias está rindo dos profetas de Baal porque eles estavam adorando, gritando e fazendo o maior alvoroço tentando obter uma resposta de seu falso deus, mas não havia resposta! Pode parecer fácil rir nessa situação, mas Jezabel era uma rainha maligna na época de Elias, que estava assassinando os verdadeiros profetas de Deus. O medo poderia ter impedido Elias de se levantar para confrontá-la, confrontar o seu marido, Acabe, e os seus falsos profetas. Mas o temor de Elias estava no Senhor! E porque o temor dele estava no Senhor, ele pôde rir na cara do inimigo e, então, participar de um dos confrontos mais incríveis da Bíblia!

Elias clamou pelo fogo do céu e depois teve todos os profetas de Baal mortos! Foi uma grande vitória para o Reino dos céus que mais tarde levou Jeú a acabar com Jezabel! É isso que acontece quando o corpo de Cristo (nós!) anda com ousadia e mantém seu temor no Senhor! O corpo de Cristo perde autoridade quando começamos a temer "manchar nossa reputação" ou "perder nossa popularidade e/ou seguidores" ou até mesmo nossas próprias vidas, ao invés de mantermos nosso temor no Senhor. Aos poucos, começamos a ceder quando damos ouvidos ao medo e à intimidação— e isso vai nos levando a concessões cada vez maiores, até que o inimigo consiga o que quer conosco e nos derrube.

Realizar sonhos nunca deve ser sobre construir algo para si mesmo ou erguer o seu próprio império. Realizar sonhos deve ser sobre cumprir os sonhos de Deus dentro de nós! E se são os sonhos dEle dentro de nós, realizados pelo Seu poder e pelos dons que Ele colocou em nós, então Ele recebe toda a glória! A única razão pela qual você começa a temer manchar sua reputação ou perder seus seguidores (que é temer ao homem ou a qualquer outra coisa além do Senhor) é porque você começou a construir algo para si mesmo. Se sua vida e seus sonhos realmente pertencem a Ele, não importa como você pareça ou quais acusações se levantem contra você, quando está obedecendo ao Senhor! Nós vemos isso claramente ao longo da vida de Davi.

Davi andava nessa autoridade porque ele tinha um relacionamento íntimo com o Senhor, o que gerou dentro dele um temor profundo pelo Senhor. Atos 13:22 diz: "*Encontrei Davi, filho de Jessé, homem segundo o meu coração; ele fará tudo o que for da minha vontade*".

Quando tememos apenas ao Senhor, faremos a Sua vontade, não importa o custo. Que exemplo é Davi para nós!

Um dos meus exemplos favoritos de Davi vivendo o temor do Senhor é quando ele dançou de forma extravagante diante do povo, e sua esposa Mical (filha de Saul) zombou dele e tratou sua adoração ao Senhor como se fosse tolice (2 Samuel 6:16–23). A Bíblia diz que ele tirou suas vestes reais enquanto dançava diante do Senhor, ou seja, ele abriu mão de seu título, daquilo que o mundo via nele— sua autoridade terrena— e entregou todo o louvor e glória ao verdadeiro Rei! O coração de Davi estava voltado para o coração do verdadeiro Rei!

Quando Davi, o rei, deu esse exemplo diante de todo o povo, ele estabeleceu um padrão forte sobre onde a adoração do povo deveria estar direcionada— ao seu verdadeiro Senhor! Nós vemos líderes espirituais e cristãos que têm dificuldade até de levantar as mãos para adorar ao Senhor. Não é de se admirar que tantos cristãos tenham dificuldade em viver os sonhos que vêm de Deus quando estão mais preocupados com a própria aparência ao adorar de forma extravagante, ou mais preocupados com a sua apresentação, suas roupas e seus títulos, do que em entregar toda a sua adoração ao Senhor! Estão ocupados demais esperando o louvor e a aprovação das outras pessoas para si mesmos! Senhor, tem misericórdia de nós.

O interessante é que aquela que se recusou a se juntar ao marido, Mical, em sua adoração extravagante e depois zombou e desprezou sua adoração ao Senhor, jamais teve filhos. Será que muitos crentes não estão gerando aquilo para o qual foram chamados porque o temor deles está em muitas outras coisas, em vez de estar no Senhor? Se esse for o seu caso, eu te encorajo a tirar um momento agora para pausar, orar e se arrepender. O Senhor nos confronta com a Sua verdade não para nos condenar, mas para nos convencer e nos colocar de volta em posição diante dEle, para que possamos seguir em unidade com Ele!

Uma das histórias favoritas de todo mundo na Bíblia é a de Davi e Golias. O que torna essa história tão espetacular é que Davi era claramente o mais fraco, menor, mais jovem e sem experiência quando se tratava de derrubar um gigante! Na verdade, seus próprios irmãos zombaram dele antes que ele enfrentasse o gigante— mas eles mesmos não estavam dispostos a encarar o gigante! E não é exatamente isso que o inimigo faz hoje em dia, através das pessoas e da cultura? Enquanto elas estão ocupadas fazendo "boas coisas", são atacadas por aqueles que não têm solução nenhuma e nem ajudam a resolver os problemas— pessoas que querem te dizer: "Isso não é possível!" "Você não pode fazer isso!" "Você não é qualificado!" ou "Quem você pensa que é?"

Quando tememos apenas ao Senhor, faremos a Sua vontade, não importa o custo.

Davi recebeu todas essas acusações de uma forma ou de outra, mas a resposta dele foi esta: "*Você vem contra mim com espada, com lança e com dardo, mas eu vou contra você em nome do Senhor dos Exércitos, o Deus dos exércitos de Israel, a quem você desafiou*" (1 Samuel 17:45). Davi estava dizendo o seguinte: Você pode usar todas as armas a que está acostumado— palavras de feitiçaria, calúnias, fofocas e mentiras. Você pode vir contra mim com intimidação e medo, pode vir com armas físicas, mas eu não vou entregar meu temor a você, porque o meu temor está no Senhor! Que resposta poderosa para todos nós prestarmos atenção!

Nossa admiração não deveria estar tanto na vitória em si, mas na resposta de Davi— na fé, na ousadia e no temor do Senhor que ele demonstrou! Os próprios irmãos lançaram insultos e acusações contra ele, o rei tentou colocar todas as armaduras porque não acreditava nele, e o gigante estava zombando e lançando ameaças públicas contra ele! O fato de o pequeno Davi ter tido coragem de ir até aquela linha de batalha, cercado por um exército que tremia de medo e não o apoiava, diante de um gigante maligno que estava ansioso para matá-lo, é um testemunho incrível da confiança de Davi no Senhor! Ninguém tinha a atenção de Davi— só Deus!

Davi lembrou aquele gigante, e todo o exército que estava com medo de enfrentá-lo, que ele vinha em nome do Senhor— não em nome de sua família e nem para tornar o seu próprio nome famoso, mas em nome do Senhor dos Exércitos! Davi veio com armas diferentes, o seu temor estava no Senhor, ele entregou a glória a Deus antes mesmo da vitória acontecer, então, Deus liberou autoridade sobre Davi para derrubar aquele gigante!

A Bíblia diz que, enquanto Golias lançava ameaças intimidadoras contra Davi, ele correu até a linha de batalha e disse:

> Hoje mesmo o Senhor o entregará nas minhas mãos, e eu o matarei e cortarei a sua cabeça. Hoje mesmo darei os cadáveres do exército filisteu às aves do céu e aos animais selvagens. E toda a terra saberá que há Deus em Israel. E todos os que estão aqui saberão que não é por espada ou por lança que o Senhor concede a vitória; pois a batalha é do Senhor, e Ele entregará todos vocês em nossas mãos.
>
> —1 SAMUEL 17:46-47

Davi disse isso ao gigante em resposta às suas ameaças— que ele cortaria a sua cabeça! Isso é rir na cara do inimigo! Muitos cristãos hoje ouvem notícias que geram medo e começam a se preparar para fugir, desistir ou fazer coisas que disseram que nunca fariam, porque permitem que o medo os conduza, em vez de deixar Deus liderá-los! Na verdade, muitos não percebem que têm vivido apenas uma "forma de piedade" em vez do verdadeiro temor do Senhor, como 2 Timóteo 3:1–9 diz:

> Saiba disto: nos últimos dias sobrevirão tempos terríveis. Os homens serão egoístas, avarentos, presunçosos, arrogantes, blasfemos, desobedientes aos pais, ingratos, ímpios, sem amor pela família, irreconciliáveis, caluniadores, sem domínio próprio, cruéis, inimigos do bem, traidores, precipitados, soberbos, mais amantes dos prazeres do que amigos de Deus, tendo aparência de piedade, mas negando o seu poder. Afaste-se desses também. São esses os que se introduzem pelas casas e conquistam mulheres instáveis, sobrecarregadas de pecados e que se deixam levar por toda espécie de desejos, elas estão sempre aprendendo, mas jamais conseg-

uem chegar ao conhecimento da verdade. Como Janes e Jambres se opuseram a Moisés, esses também resistem à verdade. A mente deles é depravada; são reprovados quanto à fé. Contudo, não irão muito longe, porque a sua insensatez será evidente a todos, como aconteceu com aqueles dois.

Uma forma de piedade significa agir como se fosse religioso, como aqueles sepulcros caiados que mencionei antes— bonitos por fora, mas sem vida e sem fruto por dentro. O verdadeiro fruto (o fruto bíblico) é encontrado em Gálatas 5:16–24:

> Digo, porém: Vivam pelo Espírito, e de modo nenhum satisfarão os desejos da carne. Pois a carne deseja o que é contrário ao Espírito, e o Espírito, o que é contrário à carne. Eles estão em conflito um com o outro, de modo que vocês não fazem o que desejam. Mas, se são guiados pelo Espírito, vocês não estão debaixo da lei. Ora, as obras da carne são manifestas: imoralidade sexual, impureza, libertinagem, idolatria, feitiçaria, inimizades, discórdias, ciúmes, acessos de ira, rivalidades, dissensões, facções, inveja, embriaguez, orgias e coisas semelhantes. Eu os advirto, como antes já os adverti, que os que praticam essas coisas não herdarão o Reino de Deus. *Mas o fruto do Espírito é: amor, alegria, paz, paciência, amabilidade, bondade, fidelidade, mansidão e domínio próprio.* Contra essas coisas não há lei. Os que pertencem a Cristo Jesus crucificaram a carne, com as suas paixões e os seus desejos.
>
> —ÊNFASE ADICIONADA

Fruto não é coisas materiais, como dinheiro, carros, boas casas e roupas; fruto é visto na forma como enxergamos e tratamos as pessoas— os filhos e filhas de Deus. Fruto é o modo como agimos diariamente, o que nos move: amor, alegria, paz, paciência, amabilidade, bondade, fidelidade, mansidão e domínio próprio. Isso é fruto! Pessoas religiosas não demonstram esse fruto de forma constante— especialmente quando estão longe dos olhares alheios. Elas não se sentem motivadas a ajudar as pessoas porque as amam, mas apenas se isso trouxer algum benefício para si mesmas. Não se sentem motivadas a dar aos outros, a não ser que isso possa ser visto pelo maior número de pessoas possível. Elas sacrificam os outros para que não precisem passar por desconfortos. Isso não é fruto espiritual.

Também vemos o comportamento maligno mencionado em 2 Timóteo 3 e Gálatas 5, sendo reproduzido no mundo e na cultura. Na verdade, hoje é comum e até celebrado na cultura, abraçar a imoralidade sexual, a embriaguez, os vícios, a inveja e o ciúme, a idolatria, a feitiçaria/bruxaria, o egoísmo, a perversão, o assassinato, a calúnia, a mentira e muito mais. Isso é comemorado na nossa cultura! E, ao mesmo tempo, tenho visto cristãos, pouco a pouco, se comprometendo com esses caminhos malignos, agindo na confusão em vez de permanecerem na verdade! Igrejas e líderes ficam em silêncio sobre questões que realmente importam para o coração do Pai, como o aborto, o tráfico humano (escravidão), o racismo, a perversão dentro das escolas e a confusão de gênero sendo imposta e enfiada na mente das nossas crianças!

Essas não são questões políticas— mesmo que o mundo diga que são. Isso são injustiças. E se é uma injustiça, nosso Pai celestial se importa! Ele não apenas chora por milhões de bebês sendo assassinados; Ele não chora apenas por homens, mulheres e crianças sendo vendidos para serem estuprados repetidas vezes; Ele não chora apenas por crianças e adolescentes fazendo cirurgias para mudar suas partes do corpo; Ele chora por uma *igreja em silêncio!* Ele chora por seus filhos e filhas depositando mais temor na cultura do que nEle, ficando em silêncio e sem fazer nada!

Deus não ficará parado respondendo às orações de uma igreja em silêncio, e Ele também não ficará assistindo à justiça pervertida para sempre. Ele irá peneirar a igreja e trazer juízo sobre governos malignos. Todo o capítulo 3 de Malaquias e muitas outras passagens da Bíblia nos mostram isso, mas veja o que dizem os versículos 8-12, onde Ele fala diretamente a líderes da igreja e do governo:

> Quanto a mim, porém, estou cheio do poder do Espírito do Senhor, de juízo e coragem para declarar a Jacó a sua transgressão e a Israel o seu pecado. *Ouçam, líderes da nação de Jacó*, governantes do povo de Israel, que detestam a justiça e distorcem tudo o que é certo. Vocês constroem Jerusalém com base no crime e na perversidade. Seus líderes aceitam suborno para dar sentenças, seus sacerdotes ensinam em troca de dinheiro, e seus profetas adivinham por pagamento. E ainda ousam dizer: "O Senhor está no meio de nós; nenhum mal nos atingirá." Por causa de vocês, Sião será arada como um campo, Jerusalém se tornará um monte de ruínas, e o monte do templo será coberto de mato.
>
> —ÊNFASE ADICIONADA

Deus não pode simplesmente assistir enquanto a justiça é pervertida ou falsificada, enquanto homens maus fingem ser bons carregando o Seu nome e se recusam a liderar pelos Seus caminhos.

Ele também não ficará assistindo enquanto Sua casa se transforma em "um covil de ladrões" (veja Marcos 11, João 2 e Jeremias 7), ou seja, quando construímos para nós mesmos uma vida confortável, que nos serve bem, mas não serve aos outros— fazendo dinheiro em cima da casa de Deus sem que dela suba aroma de adoração e oração— tudo isso enquanto fechamos os olhos para o que a Bíblia nos ordena fazer como cristãos! Jeremias alertou o povo que frequentava o templo, "se dizendo crente e seguidor", mas tratava a casa de Deus com desprezo e negligenciava a justiça, mostrando o quanto isso significava para o Senhor:

Esta é a palavra que veio a Jeremias da parte do Senhor: "Fique à porta do templo do Senhor e proclame esta mensagem: 'Ouçam a palavra do Senhor, todos vocês de Judá, que vêm a este lugar para adorar o Senhor. Assim diz o Senhor dos Exércitos, o Deus de Israel: Corrijam a sua maneira de viver e as suas ações, e eu os deixarei viver neste lugar. Não confiem em palavras enganosas e inúteis, dizendo:

> 'Este é o templo do Senhor, o templo do Senhor, o templo do Senhor!' Se vocês realmente corrigirem a sua conduta e as suas ações, e se realmente praticarem a justiça uns com os outros, se não oprimirem o estrangeiro, o órfão e a viúva e não derramarem sangue inocente neste lugar, e se não seguirem outros deuses para a sua própria ruína, então eu os deixarei viver neste lugar, na terra que dei aos seus antepassados, desde sempre e para sempre. Mas vejam! "Vocês estão confiando em palavras enganosas, que são inúteis. Roubar, matar, cometer adultério, jurar falsamente, queimar incenso a Baal e seguir outros deuses que vocês não conheceram, e depois vêm e se apresentam diante de mim neste templo, que leva o meu nome, e dizem: 'Estamos seguros!'— seguros para continuar com todas essas práticas repugnantes? Este templo, que leva o meu nome, tornou-se para vocês um covil de ladrões? Mas eu tenho observado tudo isso", declara o Senhor.
>
> —JEREMIAS 7:1-11

Nosso Deus é um *Deus de justiça*! Ele está procurando filhos e filhas justos que carreguem a Sua justiça e retidão!

Você não pode ter a verdadeira justiça sem retidão, nem verdadeira retidão sem justiça! Na verdade, é a mesma palavra grega, *dikaiosune*, que é usada tanto para justiça quanto para retidão diversas vezes ao longo da Palavra de Deus. Isso porque a justiça se torna pervertida sem a retidão, e é por isso que vemos tanta justiça distorcida em nossa nação, que jamais satisfaz a alma humana.

Não existe justiça sem retidão! As pessoas estão clamando por justiça enquanto, ao mesmo tempo, gritam pelos "direitos" de assassinar seus bebês! Isso não é justiça! Isso não é certo, nem justo!

E jamais haverá justiça enquanto o povo continuar exigindo mais leis injustas para sustentar suas impiedades! Não haverá justiça em nossa terra enquanto continuarmos elegendo líderes que defendem leis perversas! Importa, sim, em quem você vota— não só pelas próximas gerações, mas diante de Deus! Devemos votar não com base em sexo, raça ou idade, mas com base no que a pessoa defende em relação ao casamento bíblico, identidade, educação, vida e outras questões.

Eu, pessoalmente, não votarei em uma mulher para presidente só porque é mulher e porque "nunca houve antes." A justiça dentro de mim clama pelos direitos dos bebês— milhões que foram assassinados— e eu votarei em quem valoriza a vida! Além disso, quero ter orgulho da primeira mulher presidente quando isso acontecer, e não sentir vergonha e repulsa por uma mulher que chame de "direito das mulheres" o assassinato de bebês. Isso é a mais pervertida forma de justiça!

A resposta das pessoas rebeldes para quem disser que aquilo que querem fazer é errado, é: "Você não entende!" Você nunca passou por isso! Você está apenas julgando!"

Ele está procurando filhos e filhas justos que carreguem a Sua justiça e retidão!

Em primeiro lugar, minha resposta seria: "Você não precisa passar por tudo na vida para ter um senso moral que te faça dizer: 'Isso está errado!'" E, sim— eu já estive nessa situação antes.

Eu tinha cerca de dezesseis anos de idade quando meu namorado e eu tivemos relações sexuais sem proteção. Depois, ele conversou comigo, dizendo que não tinha certeza se eu não estava grávida, então seria melhor eu ir me consultar em uma clínica de aborto (Planned Parenthood). Eu praticamente não sabia o que era uma clínica de aborto (Planned Parenthood), além do que minhas amigas tinham me contado: que você podia ir lá sem seus pais saberem, e que eles faziam abortos ou davam a pílula do dia seguinte para impedir que uma gravidez se desenvolvesse, se você chegasse lá a tempo.

Com dezesseis anos, cheia de medo e levada a acreditar que a pior coisa do mundo seria engravidar naquela idade e que os meus pais descobrissem, fui até lá com uma amiga. Lembro de chegar ao prédio da clínica de aborto (Planned Parenthood), que ficava em uma área perigosa. Enquanto eu esperava na sala de espera, havia folhetos por todos os lados, fazendo o aborto parecer algo normal e leve, como se fosse apenas um método contraceptivo. Eu comecei a passar mal enquanto lia os panfletos que me entregaram na entrada— me deu enjôo.

Quando fui chamada para a sala, lembro de ouvir uma mulher chorando em outro cômodo. Meu estômago embrulhou ainda mais. Uma enfermeira ou médica entrou e me perguntou por que eu estava ali. Eu expliquei que tinha tido relação sem proteção com meu namorado e queria a pílula do dia seguinte. Em questão de minutos, me entregaram a pílula e eu estava saindo. Fiquei chocada com a facilidade de pegar aquele remédio e ir embora sem que meus pais ou qualquer outra pessoa soubessem o que eu estava passando. Por não ter ninguém para me orientar naquela situação— e pelo fato de ser mais fácil pegar aqueles comprimidos do que comprar um doce na esquina— acabei voltando lá não muito tempo depois. E, sinceramente, fazia sentido, já que a falta de conhecimento da minha mãe sobre o que eu estava fazendo impedia que ela pudesse me acompanhar e me aconselhar. E lá estava eu de novo, sentada naquela mesa, pedindo mais uma vez a pílula do dia seguinte. Eu estava envergonhada e me sentindo péssima. Meu namorado não estava lá comigo, nem uma amiga— só eu, sozinha, em uma clínica de aborto (Planned Parenthood) fria e assustadora, tomando pílulas para que o meu namorado pudesse fazer sexo comigo sem proteção sempre que quisesse. Eu tinha decidido naquele dia que nunca mais iria me colocar naquela situação novamente.

Anos depois, já cristã e casada há cinco anos com meu marido, que é pastor, tentei engravidar, mas tive aborto espontâneo após aborto espontâneo. Aqueles momentos na clínica de aborto

(Planned Parenthood) me assombravam. A vergonha voltou com força; pensamentos de que eu não merecia ter um bebê bombardeavam a minha mente. Anos depois, independente das pílulas terem afetado ou não minha capacidade de engravidar, Deus precisou me curar novamente mentalmente, emocionalmente e espiritualmente.

Lá estava eu, tentando conceber, sem controle sobre a vida dentro de mim, sendo obrigada a dar à luz a um bebê morto, e pensando: "Tem mulheres que escolhem isso?" Rapidamente lembrei que eu mesma tinha escolhido tomar aquelas pílulas do dia seguinte, e essas mulheres que escolhem o aborto foram, obviamente, enganadas pela voz da serpente! Se parássemos para pensar logicamente e considerando que nossa sociedade tenta nos fazer acreditar que abortar é normal, nós nos voltaríamos contra essa cultura.

Como pode ser "normal" querer matar nossos próprios bebês—nosso futuro? Não faz sentido que alguém, independentemente da situação, queira matar a sua própria carne e sangue— e os seres mais inocentes que existem. Estamos fingindo que é aceitável que outro ser humano escolha a morte para um ser humano inocente, um bebê. Isso não é aceitável! Deus é o Autor da vida! No fim das contas, nossa opinião sobre escolher a morte para um ser inocente não importa— você não pode mudar o governo de Deus! Senhor, tenha misericórdia daqueles que pedem pelo aborto, e permita que os que foram enganados vejam e ouçam a verdade, para que possam ser guiados pela verdadeira justiça e retidão!

Então, lá estava eu, oprimida e quebrantada, tentando conceber. Lembro que um dos meus abortos espontâneos aconteceu em um aeroporto, quando eu estava sozinha. Eu estava voando para Miami para encontrar o meu marido, que estava ministrando em uma conferência. Quando o avião começou a pousar, lembro de uma dor extrema que começou no meu abdômen, e as contrações começaram. Eu clamei a Deus, com minha cabeça contra a janela do avião, tentando parar o trabalho de parto. Eu havia segurado esse bebê por um mês além do tempo em que o médico disse que o aborto aconteceria, esperando por um milagre. Mas às vezes o milagre não acontece do jeito que a gente pensa ou espera.

Eu corri para fora do avião e fui direto ao banheiro. Sentei naquele banheiro sozinha, dando à luz ao meu bebê e chorando descontroladamente. Mesmo agora, enquanto escrevo isso, eu choro por esse bebê que sei que vou encontrar um dia no céu. Depois de me limpar, com lágrimas ainda escorrendo pelo rosto, deslizei pela parede e sentei no chão. Liguei para o Landon, contei o que aconteceu, e choramos juntos. Foi horrível, um dos momentos mais tristes da minha vida. Mas eu tive que me levantar daquele chão para pegar o próximo avião, chegar até o meu marido, aos meus amigos, e, o mais importante, entrar na presença do Senhor para que Ele pudesse me curar.

Ninguém gosta de falar sobre a opressão que vem depois desses momentos. Mas muitas mulheres passam por consequências extremas dos abortos ou das pílulas do dia seguinte: não conseguem engravidar mais, têm gestações ou partos muito complicados, ou têm bebês doentes. Algumas enfrentam tormentos mentais e emocionais. Se você está passando por isso, quero te encorajar: Deus cura hoje da mesma forma que curava nos tempos bíblicos! Ele pode te curar e restaurar você e o seu útero! Ele me curou! E sou muito grata por isso!

Uma das minhas orações favoritas agora é pelas crianças— por aquelas que têm dificuldade para engravidar ou que perderam ou abortaram seus bebês. Tenho visto Deus curar muitas mulheres e fazer dos seus ventres férteis! Hoje temos três filhos e vamos adotar. Acredito que a solução para o aborto é a adoção. Sim, infelizmente haverá bebês indesejados com o aborto se tornando ilegal, mas o corpo de Cristo é a resposta! E do mesmo jeito que Deus nos adotou como Seus filhos e filhas e nos amou como Seus próprios, assim devemos fazer por essas crianças que estão por vir! Efésios 1:5-7 diz: *"Deus decidiu, antes da criação do mundo, nos adotar como seus filhos por meio de Jesus Cristo. Isso foi o que Ele quis fazer e isso lhe deu grande alegria. Então nós louvamos a Deus pela gloriosa graça que Ele derramou sobre nós, que pertence ao Seu querido Filho. Ele é tão rico em bondade e graça que comprou a nossa liberdade com o sangue do Seu Filho e perdoou os nossos pecados".* Esta é a verdadeira justiça para esses bebês!

Por outro lado, também não pode haver retidão sem justiça. E nisso a igreja tem falhado. Queremos pregar nossas mensagens de retidão, mas sem usar nossa voz, influência ou recursos para trazer justiça onde há injustiça. Estamos ocupados demais tentando construir grandes igrejas, fazendo conferências, buscando influenciar, para "arriscar" sermos vozes sobre temas em que as pessoas estão sendo enganadas e manipuladas! Então, em vez de liderar as ovelhas e ensiná-las sobre justiça celestial, ficamos em silêncio ou tomamos uma postura não bíblica para não desagradar as pessoas e assim continuar construindo nossos grandes impérios!

Chega disso! Quanto maior a influência em sua vida, maior será a guerra pela influência que você carrega. Devemos ser mais disciplinados em construir o temor do Senhor em nossas vidas, para que, se Deus nos confiar grande influência, possamos estar prontos para administrar o que Ele nos confiou! Em vez disso, temos feito tudo ao contrário na maioria das vezes: trabalhamos arduamente para construir grande influência, mas não sabemos como administrá-la e a perdemos repetidas vezes porque o temor do Senhor não foi construído dentro de nós!

Nosso Deus é um Deus de retidão e justiça, e nós devemos ser um povo de ambos! Quando o nosso temor está nEle e O seguimos como filhos e filhas justos e retos, recebemos autoridade para mover montanhas, endireitar caminhos tortuosos e trazer avivamento e reforma para a nossa terra! O que é reforma? Reforma é endireitar os caminhos tortuosos! João Batista foi um grande reformador que veio preparar o caminho para o Messias! Vemos isso em Mateus 3:3, quando João diz quem ele é e para o que veio, citando Isaías 40:3-5, que diz:

> Uma voz clama: "No deserto preparem o caminho do Senhor; no ermo façam uma estrada reta para o nosso Deus. Todo vale será levantado, e toda montanha e colina serão rebaixadas; O terreno irregular se tornará

nivelado, e os lugares ásperos, um planalto. A glória do Senhor será revelada, e toda a humanidade a verá ao mesmo tempo, pois a boca do Senhor falou."

_____

Quanto maior a influência em sua vida, maior será a guerra pela influência que você carrega.

Isso é reforma! João estava dizendo: "Eu venho como um reformador para preparar o caminho do Senhor, para pregar arrependimento ao povo, para que os caminhos tortuosos em seus corações possam ser endireitados, para que eles O recebam! Venho chamar a cultura corrompida para que o povo não seja engolido pela impiedade, mas possa receber Aquele que é justo e reto, que está por vir!"

Estamos novamente nesse tempo, onde devemos preparar o caminho para o nosso Rei que está por vir! Ele está voltando, e quando Ele vier, eu quero uma grande colheita de almas, de filhos e filhas prontos, com suas lanternas acesas e bastante óleo (Mateus 25:1-13)! É uma honra para nós, seguidores de Cristo, que recebemos Sua misericórdia e graça, contar ao mundo sobre essa misericórdia e graça, contar ao mundo a verdade sobre o Santo que deu Sua vida para nos libertar! Isso significa que não devemos ministrar apenas aos cristãos, mas somos chamados a libertar os cativos e curar os corações quebrantados, como Isaías 61 nos diz!

O Espírito do Senhor Deus está sobre mim, porque o Senhor me ungiu para levar as boas notícias aos pobres; *enviou-me para curar os quebrantados de coração, proclamar liberdade aos cativos e abertura de prisão aos presos*; proclamar o ano da graça do Senhor e o dia da vingança do nosso Deus; consolar todos os que choram; conceder aos que choram em Sião um diadema em vez de cinzas, óleo de alegria em vez de pranto, manto de louvor em vez de espírito angustiado; para que sejam chamados carvalhos de justiça, plantação do Senhor, para que Ele seja glorificado. Eles reconstruirão as ruínas antigas; levantarão as devastações passadas; repararão as cidades destruídas, as ruínas de muitas gerações.

—Isaías 61:1-4, ênfase adicionada

A igreja, os cristãos— você e eu— somos a resposta para a injustiça! Ele nos ungiu para esse propósito! Não está escrito: "O Espírito do Senhor Deus está sobre mim, porque o Senhor me ungiu para construir grandes conferências, ministérios e plataformas." Está escrito que Ele nos ungiu para pregar as Boas Novas, ou seja, você não pode ter medo de usar a sua voz para compartilhar o seu testemunho e contar aos outros como Jesus te salvou! Essa escritura diz que Ele te ungiu para abrir as portas da prisão para aqueles que estão presos, como os aprisionados no tráfico humano, os que estão presos na opressão e no suicídio, ou qualquer pessoa que esteja presa nas trevas— somos chamados a libertar!

Somos chamados a reconstruir e restaurar nossas cidades! Isso significa seu negócio, o consultório médico, a escola, os bairros, o governo local, as igrejas— reconstruir! E construir sobre o mesmo fundamento do trono do nosso Rei— justiça e retidão! Experimentamos a reforma pessoal quando entregamos nossas vidas a Jesus e deixamos para trás os antigos caminhos em troca dos Seus caminhos! Quando aceitamos Cristo como nosso Salvador, estamos confrontando e nos arrependendo dos caminhos tortuosos em nossas vidas e dizendo sim ao caminho estreito e reto que leva à vida eterna com Jesus! Não fomos feitos para parar aqui.

Agora que experimentamos pessoalmente a obra sobrenatural dEle em nossas vidas, somos chamados a sair e compartilhar o evangelho com os outros e fazer discípulos! Esta é a Grande Comissão, encontrada em Mateus 28:18-20:

"E Jesus, aproximando-se, falou-lhes, dizendo: Toda autoridade me foi dada no céu e na terra. Portanto, vão e façam discípulos de todas as nações, batizando-os em nome do Pai, do Filho e do Espírito Santo, ensinando-lhes a guardar tudo o que eu lhes ordenei. E eis que estou convosco todos os dias, até a consumação dos séculos".

Jesus disse: "Estou convosco todos os dias, até a consumação dos séculos." Isso é incrível! Aquele que tem toda autoridade no céu e na terra prometeu estar com você e te encher para que você carregue a Sua autoridade para fazer a Sua obra e vontade na terra! [João 14:16-2 diz: *"E eu pedirei ao Pai, e Ele lhes dará outro Consolador para estar com vocês para sempre, o Espírito da verdade, que o mundo não pode receber porque não o vê nem o conhece. Mas vocês O conhecem, pois Ele vive com vocês e estará em vocês. Não os deixarei órfãos; voltarei para vocês. Ainda por pouco tempo, e o mundo não me verá mais, mas vocês me verão. Porque eu vivo, vocês também viverão. Naquele dia, vocês saberão que estou em meu Pai, vocês em mim, e Eu em vocês. Quem tem os meus mandamentos e os guarda é quem me ama".*]

Isso significa que você deve parar de ouvir as mentiras do inimigo dizendo que você não está qualificado para compartilhar o evangelho, fazer discípulos, curar, libertar, consolar os quebrantados e reconstruir sua cidade e região na justiça e na retidão, porque Aquele que é justo e reto vive em você!

Então, hoje, as desculpas precisam acabar! Você precisa parar de ser o saco de pancadas do inimigo! O silêncio no corpo de Cristo diante da impiedade e da injustiça precisa acabar! Não é apenas responsabilidade do seu pastor ser ousado e firme nesses temas— é responsabilidade do corpo de Cristo! E o corpo de Cristo, trabalhando unido, usando a sua voz com coragem para a verdade, justiça e retidão, mantendo o temor no Senhor, reverterá e enviará de volta os ataques de medo ao campo do inimigo, enquanto gigantes caem! Veremos os gigantes do nosso tempo tombarem, mas você vai fazer parte disso? Vai poder contar aos seus netos que fez parte do maior avivamento de todos os tempos, que gerou a maior reforma de todos os tempos? Se você sente uma chama no seu interior, no seu espírito, sendo alimentada e deseja a ousadia para fazer parte da maior reforma para preparar o caminho do Senhor, devemos responder como fizeram os crentes quando viram a injustiça de como Pedro e João foram tratados por pregarem o nome de Jesus!

Você está preparado para compartilhar o evangelho, para compartilhar o seu testemunho, mesmo que o nome de Jesus se torne proibido? E se pregar o evangelho se tornar ilegal na América, como já aconteceu em outras nações? E se ir à igreja voltar a ser ilegal, como durante a pandemia da COVID-19? Mas pior ainda, você vai ceder ou permanecer firme? Você está pronto para preparar o caminho para o retorno de Jesus com uma grande colheita de almas? Leia Atos 4:13-35, que segue, para ver o que os cristãos fizeram quando o nome de Jesus foi proibido e o que Jesus fez em resposta à ousadia deles!

O NOME PROIBIDO

Quando viram a ousadia de Pedro e João e perceberam que eram homens iletrados e comuns, ficaram maravilhados e notaram que esses homens haviam estado com Jesus. E vendo o homem que fora curado estar ali com eles, não tinham o que responder. Então os mandaram sair do Sinédrio e depois se reuniram para deliberar.

"O que faremos com esses homens?", perguntaram. "Está claro para todos os que vivem em Jerusalém que um milagre extraordinário aconteceu por meio deles, e não podemos negar isso. Mas para impedir que esta mensagem se espalhe ainda mais entre o povo, devemos avisá-los para que não falem a ninguém em nome Deste."

Depois os chamaram novamente e lhes ordenaram que não falassem nem ensinassem coisa alguma em nome de Jesus. Mas Pedro e João responderam: *"Julgai vós mesmos se é justo diante de Deus ouvir-vos a vós em vez de a Deus. Pois nós não podemos deixar de falar sobre o que vimos e ouvimos."*

Depois de novas ameaças, deixaram-nos ir. Não encontraram meio de puni-los, porque todo o povo glorificava a

Deus pelo que havia acontecido. O homem que fora curado milagrosamente tinha mais de quarenta anos.

A ORAÇÃO DOS CRISTÃOS

Depois de serem libertos, Pedro e João voltaram para os seus e relataram tudo o que os principais sacerdotes e os anciãos lhes haviam dito. Quando os cristãos ouviram isso, levantaram juntos a voz a Deus e disseram: "*Soberano Senhor*, Tu fizeste o céu, a terra, o mar e tudo o que neles há. Tu falaste pelo Espírito Santo por meio da boca do Teu servo, nosso pai Davi: 'Por que se enfurecem as nações e os povos conspiram em vão? Os reis da terra se levantam e os governantes se reúnem contra o Senhor e contra o Seu Ungido.'

De fato, nesta cidade, Herodes e Pôncio Pilatos, juntamente com os gentios e com o povo de Israel, conspiraram contra o Teu santo servo Jesus, a quem ungiste. Eles fizeram o que a Tua mão e a Tua vontade haviam determinado de antemão que acontecesse. E agora, Senhor, considera as ameaças deles e capacita os Teus servos a anunciarem a Tua palavra com toda ousadia. Estende a Tua mão para curar e realizar sinais e maravilhas por meio do nome do Teu santo Filho Jesus."

Depois que oraram, o lugar onde estavam reunidos tremeu, e todos ficaram cheios do Espírito Santo, e anunciavam corajosamente a palavra de Deus.

COMPARTILHANDO ENTRE OS CRISTÃOS

A multidão dos que criam era um só coração e uma só alma. Ninguém dizia que algum de seus bens era exclusivamente seu, mas todos compartilhavam tudo o que possuíam. Com grande poder, os apóstolos continuavam a testemunhar sobre a ressurreição do Senhor Jesus. E abundante graça estava sobre todos eles.

Não havia necessitados entre eles, pois aqueles que possuíam terras ou casas as vendiam, traziam o valor da venda e o depositavam aos pés dos apóstolos, para que fosse distribuído a cada um conforme a sua necessidade.

—ÊNFASE ADICIONADA

Isso é avivamento e reforma! Jesus, que foi o maior reformador de todos os tempos, trouxe o maior avivamento de todos os tempos, que se espalhou por todas as nações! O som da liberdade ecoava alto! E todos aqueles que queriam controlar o povo e mantê-los em cativeiro tentaram com todas as forças impedir que as pessoas ouvissem e recebessem a verdade! Mas os cristãos oravam por ainda mais ousadia, para continuar expandindo o território do Reino, para continuar espalhando a história de liberdade de Jesus e tudo o que Ele veio fazer por cada nação e língua, por todas as idades— homens e mulheres! Os cristãos oravam por ainda mais coragem para serem contra a cultura e ousados para trazer a cultura do céu! O que quero dizer com "ser contra a cultura"? É que eles faziam o oposto do que a cultura ao redor deles estava fazendo. Eles se levantavam e pregavam Jesus, não importava o que os outros dissessem; eles compravam e vendiam terras para cuidar das pessoas, de modo que ninguém precisasse depender de mais nada ou ninguém além de Jesus!

A Bíblia diz que eles não consideravam nada como sendo só deles— tudo era do Senhor— e por isso Deus os abençoava com abundância! Ninguém tinha necessidade, e milhares e milhares de pessoas ouviam as boas novas sobre Jesus e entregavam suas vidas a Ele! Isso é avivamento e reforma!

Trazer avivamento e reforma para a nossa terra significa que o nosso temor está somente no Senhor! Não temos medo pelos nossos filhos— levamos justiça e retidão para as escolas e para os bairros onde os nossos filhos vivem! Não tememos passar necessidade— abrimos empresas que temem ao Senhor, criamos o mercado social. Não temos medo do governo— levantamos aqueles chamados para governar e que se posicionarão em defesa da justiça e da retidão, e usamos nossas vozes para nos opor a projetos de leis, movimentos e decretos malignos! Eu poderia continuar, mas basta que você mantenha o seu temor no Senhor e peça ousadia como um verdadeiro discípulo de Cristo— e Ele dará a você, à sua família e à sua comunidade as soluções corajosas para trazer avivamento e a reforma! Você é um vaso de avivamento e reforma— isso já está dentro de você. Agora é hora de liberar!

PERGUNTAS PARA VOCÊ

1. Você se enfurece contra a injustiça? Quando você a vê, sente raiva? (Sempre certifique-se de que sua raiva não se transforme em pecado, mas use sua indignação justa para fazer o bem e trazer justiça). Se sim, Deus quer usar isso. Anote quais injustiças mais enfurecem você e sobre quais outras injustiças você gostaria de conhecer mais. Se você não se considera uma pessoa movida por justiça, tudo bem, mas todos nós somos chamados a refletir nosso Rei justo e reto.

2. Faça uma pausa para orar pedindo o fim das injustiças agora mesmo e peça a Deus que lhe dê um coração mais sensível para aquilo que parte o Seu coração.

   - Ore pelo fim do aborto e para que a adoção se torne comum no meio da igreja de Cristo.
   - Ore pela liberdade de milhões de escravos no tráfico humano e por sua restauração.
   - Ore pelas nossas crianças e contra as agendas malignas que tentam atacá-las e pelas nossas escolas, que buscam ensinar e normalizar a perversão.
   - Ore contra a confusão de gênero e contra as pessoas sendo levadas a mudar os seus corpos através de cirurgias e a acreditar que sua sexualidade é sua identidade. (Nossa identidade está em Cristo. Nossa identidade não é a nossa sexualidade, a cor da nossa pele, o nosso sexo,

nossa idade, etc... Nossa identidade é ser filho ou filha de Cristo! Quando chegamos a esse lugar, a essa compreensão, tudo muda!)

- Ore pelas vítimas de vícios causados pela indústria das drogas e da medicina.
- Ore por aqueles que estão cheios de ódio contra outras pessoas por causa de sua raça.
- Existem muitas outras causas. Peça ao Senhor o coração Dele e ore pela misericórdia e graça de Deus sobre a nossa nação!

3. Se você tem acreditado que sua identidade está em qualquer coisa além de ser filho ou filha de Cristo, ore agora e peça perdão a Deus. Peça para Ele ministrar ao seu coração e mostrar o que realmente significa ser filho ou filha de Cristo! Escreva suas antigas identidades e risque-as. Deus está te libertando dessas identidades falsas!

4. Você se considera uma pessoa corajosa? Em que áreas você gostaria de ser mais corajosa para Jesus? Existem áreas na sua vida em que você colocou o seu temor em algo ou alguém além de Deus? Entregue isso a Ele, arrependa-se, e anote no que você não colocará mais o seu temor! Depois ore e peça coragem a Deus!

5. No começo, eu pedi para você anotar os seus sonhos. Mas agora, depois de responder a todas essas perguntas e receber muita cura, quero que você sonhe com Jesus. Quero que você pare, respire e peça a Ele para encher você com os sonhos dEle! Anote os novos sonhos de Deus para sua vida.

É HORA DE ESCREVER A SUA HISTÓRIA...

ORAÇÃO DE SALVAÇÃO

Com Heather Schott

"Deus, eu desejo uma vida sem cicatrizes. Eu peço por 2 Coríntios 5:17, onde Tu prometes tirar o velho e me dar uma nova vida. Eu entrego o controle da minha vida e recebo a vida que Tu pagaste na cruz! Eu creio que Tu, Jesus, morreste na cruz por mim e ressuscitaste no terceiro dia. Obrigada, Jesus, por morrer por mim! Obrigada, Senhor, por dar o Teu único Filho para que eu pudesse ser livre! Eu me arrependo de todos os pecados que cometi. Perdoa-me por (diga aqui o que quiser confessar). Obrigada por me perdoar, Senhor. Agora, ajuda-me a perdoar os outros da mesma forma que Tu me perdoaste! Eu submeto a minha vida a todo o processo que Tu tens para mim, para que eu me torne a mulher/o homem que Tu me chamaste para ser. Eu confio a minha vida a Ti porque Tu és o Autor dela. Eu desejo Te agradar. Eu desejo Te obedecer. Eu desejo fazer a diferença neste mundo e Te entrego a minha vida para que faças dela o que Tu quiseres! Então, fala, Senhor; a Tua serva/o Teu servo está ouvindo. Dá-me sabedoria para o tempo em que estamos vivendo. Ajuda-me a ter fé e a viver por ela. Eu sou Tua/Teu! Eu Te amo, Jesus."

Se você acabou de fazer essa oração, você está salvo e liberto! Você passará a eternidade no céu com Jesus quando deixar esta terra, mas até lá, você acabou de entregar a Deus total acesso à sua vida para liberar os propósitos Dele através de você! O céu está celebrando agora! Comece de novo e sonhe como nunca antes. Encontre uma igreja onde possa se firmar (um lugar onde você sinta o Espírito Santo se movendo), e deixe Deus fluir através de você onde quer que for— você é um vaso Dele!

Segunda Coríntios 5:17 diz: "Portanto, se alguém está em Cristo, é nova criação. As coisas antigas já passaram; eis que surgiram coisas novas".

ORAÇÃO DE LIBERTAÇÃO

Com Landon Schott

Antes de começar esta oração, quero que você feche os seus olhos. Respire fundo e inspire a presença de Deus. Mais uma vez— respire a presença de Deus. Faça isso mais uma vez. Agora declare em voz alta: "Pai, Tu és Santo, Santo, Santo! Jesus, Tu és Santo, Santo, Santo! Espírito do Deus vivo, Tu és Santo, Santo, Santo! Espírito Santo, eu Te dou boas-vindas aqui comigo. Eu reconheço a Tua presença. Eu Te agradeço porque tudo é fácil na Tua presença. Libertação é fácil na Tua presença. Pai que estás no céu, eu oro em nome de Jesus— eu Te peço que me libertes na Tua justiça. Assim como Tu me salvaste e me tornaste justo pela fé, agora me liberta por essa mesma fé. Eu declaro que nenhum espírito além do Espírito Santo é bem-vindo na minha vida". (Agora diga isso novamente, mas mais alto!) Eu declaro que nenhum espírito além do Espírito Santo é bem-vindo na minha vida!

"O Senhor te repreenda, satanás, e toda força demoníaca que tem atacado a minha vida. Eu não me submeto mais a você! O Senhor te repreenda, (liste aqui cada vício, prisão ou influência demoníaca que tem te afligido)."

"Jesus, eu preciso de Ti. Eu preciso que Tu me laves, preciso que Tu me purifiques. Preciso que Tu me cures. Preciso que Tu me libertes de tudo isso. Espírito Santo, eu me submeto a Ti. Espírito Santo, enche-me! Enche-me com a Tua presença e com os Teus dons! Guia-me; dirige-me; usa a minha vida para a Tua glória! Amém."

Romanos 6:17-18 diz: "Mas graças a Deus porque, embora vocês tenham sido escravos do pecado, passaram a obedecer de coração à forma de ensino que lhes foi transmitida. Vocês foram libertos do pecado e se tornaram escravos da justiça".

Querido leitor,

Estou muito animada para que você embarque nessa jornada de leitura desta nova edição de *Sem Cicatrizes*. Desta vez, incluí perguntas provocativas para você responder sobre a sua própria história de vida enquanto lê a minha. Quero te encorajar a ler as perguntas ao final de cada capítulo e respondê-las da melhor maneira possível. Eu acredito que você vai experimentar cura e liberdade ao revisitar sua história e sua alma em busca daquilo que foi escondido debaixo do tapete e que precisa ser trazido à luz. Não tenha medo de ir até esses lugares, porque ao colocar no papel aqueles momentos, sentimentos, ideias e memórias— sejam eles bons ou ruins— eles não terão mais poder para governar sua mente e sua vida.

Exposição nunca é confortável, mas quando a luz é lançada sobre o que estava escondido, a escuridão que vinha te atormentando precisa ir embora. Ela não poderá mais te prender. Eu quero te desafiar a ler a minha história, mas também refletir sobre a sua, com grande expectativa de que milagres vão acontecer na sua vida!

À medida que você virar as páginas da minha história, meu desejo é que as páginas da sua própria história se transformem em uma história de liberdade. Que o seu futuro seja tudo aquilo— e muito mais— do que você sonhou. Que ele vá além do que você consegue imaginar, cheio de beleza e novos capítulos. Minha esperança é que você seja liberto do seu passado, sem cicatrizes e sem vergonha de contar a sua história! Então, vá em frente e pegue sua caneta e seu caderno agora mesmo e prepare-se para escrever a sua história de liberdade.

Com amor,

NOTA FINAL

CAPÍTULO 4

1   Dictionary.com, s.v. "discernment," accessed March 19, 2023, https://www.dictionary.com/browse/discernment.

SOBRE A AUTORA

Heather Schott cresceu na pequena cidade de Lake Stevens, Washington, onde conheceu o seu marido, Landon Schott, aos dezessete anos. Eles se casaram em 16 de julho de 2005. Heather tem compartilhado o seu testemunho por todo o país enquanto ela e seu marido viajam pregando a Palavra de Deus em conferências, acampamentos e inúmeras igrejas.

Heather foi criada em um lar de pais divorciados e tornou-se alcoólatra aos quinze anos. Aos dezesseis anos, já fazia uso de várias drogas pesadas. Aos dezessete, sofreu uma overdose e ficou inconsciente por três dias até ser encontrada em um apartamento abandonado.

Nos anos seguintes, Deus começou a transformar a sua vida de forma sobrenatural. Ela compartilha o seu testemunho pelo mundo, encorajando as pessoas com a mensagem de que não precisamos viver de acordo com o nosso passado— "Jesus carregou as nossas cicatrizes para que não tivéssemos que carregar as cicatrizes do nosso passado." Segunda Coríntios 5:17 diz: "Portanto, se alguém está em Cristo, é nova criatura; as coisas antigas já passaram; eis que surgiram coisas novas!" Ela lidera com fé e ousadia, crendo na cura e libertação para todos que querem Jesus.

Heather tem uma grande paixão pelas mulheres desta nação. Ela prega sobre viver uma vida de justiça, retidão e temor para ser tudo aquilo que Deus as chamou para ser, apesar das pressões deste mundo.

Ela tem um coração enorme para promover justiça e retidão em um tempo de crescente ilegalidade e injustiça. Salmo 89:14 diz: "Justiça e retidão são a base do Teu trono." Isso também se tornou a base do ministério dela; ela é uma voz para os que mais precisam, desde aqueles que foram traficados e abusados, até os bebês atacados pelo aborto, para que a próxima geração não caia nas mentiras da confusão de gênero, homossexualidade e entre outros. O que parte o coração do Senhor, ela denuncia com força. Você pode acompanhar e se engajar nos movimentos que estão por trás dessas causas, como The Justice Reform, Justice Run, Citizens for Life e outros.

Heather mora em Fort Worth, Texas, com o seu marido, Landon Schott, e três filhos: a filha, Payton, e os dois filhos, Preston e Jackson Porter. Eles também planejam adotar em breve! Atualmente, pastoreiam a Igreja Mercy Culture, e ela é fundadora do The Justice Reform, uma organização sem fins lucrativos que "responde ao clamor por justiça trazendo reformas de cidade em cidade."

Para agendamentos ou mais informações, acesse:

Mercyculture.com

Thejusticereform.com

Justicerun.com

Citizensforlife.com

Instagram:

instagram.com/heatherschott

instagram.com/thejusticereform

instagram.com/justice.run

instagram.com/mercyculture

instagram.com/wearecitizensforlife

www.ingramcontent.com/pod-product-compliance
Lightning Source LLC
Chambersburg PA
CBHW021711120626
46545CB00004B/1510